故宫

博物院藏文物珍品全集

故宮博物院藏文物珍品全集

鼻煙壺

主編：李久芳

商務印書館

鼻煙壺
Snuff Bottles

故宮博物院藏文物珍品全集
The Complete Collection of Treasures
of the Palace Museum

主　　編	……………	李久芳
副 主 編	……………	張　榮
編　　委	……………	楊　捷　張　麗　劉　岳　陳潤民
攝　　影	……………	馮　輝

出 版 人	……………	陳萬雄
編輯顧問	……………	吳　空
責任編輯	……………	徐昕宇
設　　計	……………	嚴欣強
出　　版	……………	商務印書館(香港)有限公司
		香港筲箕灣耀興道3號東滙廣場8樓
		http://www.commercialpress.com.hk
製　　版	……………	深圳中華商務聯合印刷有限公司
		深圳市龍崗區平湖鎮春湖工業區中華商務印刷大廈
印　　刷	……………	深圳中華商務聯合印刷有限公司
		深圳市龍崗區平湖鎮春湖工業區中華商務印刷大廈
版　　次	……………	2003 年 1 月第 1 版第 1 次印刷
		©2003 商務印書館(香港)有限公司
		ISBN 962 07 5350 X

All inquiries should be directed to:
The Commercial Press (Hong Kong) Ltd.
8/F., Eastern Central Plaza, 3 Yiu Hing Road, Shau Kei Wan, Hong Kong.

總序

楊新

故宮博物院是在明、清兩代皇宮的基礎上建立起來的國家博物館，位於北京市中心，佔地72萬平方米，收藏文物近百萬件。

公元1406年，明代永樂皇帝朱棣下詔將北平升為北京，翌年即在元代舊宮的基址上，開始大規模營造新的宮殿。公元1420年宮殿落成，稱紫禁城，正式遷都北京。公元1644年，清王朝取代明帝國統治，仍建都北京，居住在紫禁城內。按古老的禮制，紫禁城內分前朝、後寢兩大部分。前朝包括太和、中和、保和三大殿，輔以文華、武英兩殿。後寢包括乾清、交泰、坤寧三宮及東、西六宮等，總稱內廷。明、清兩代，從永樂皇帝朱棣至末代皇帝溥儀，共有24位皇帝及其后妃都居住在這裏。1911年孫中山領導的"辛亥革命"，推翻了清王朝統治，結束了兩千餘年的封建帝制。1914年，北洋政府將瀋陽故宮和承德避暑山莊的部分文物移來，在紫禁城內前朝部分成立古物陳列所。1924年，溥儀被逐出內廷，紫禁城後半部分於1925年建成故宮博物院。

歷代以來，皇帝們都自稱為"天子"。"普天之下，莫非王土；率土之濱，莫非王臣"（《詩經‧小雅‧北山》），他們把全國的土地和人民視作自己的財產。因此在宮廷內，不但匯集了從全國各地進貢來的各種歷史文化藝術精品和奇珍異寶，而且也集中了全國最優秀的藝術家和匠師，創造新的文化藝術品。中間雖屢經改朝換代，宮廷中的收藏損失無法估計，但是，由於中國的國土遼闊，歷史悠久，人民富於創造，文物散而復聚。清代繼承明代宮廷遺產，到乾隆時期，宮廷中收藏之富，超過了以往任何時代。到清代末年，英法聯軍、八國聯軍兩度侵入北京，橫燒劫掠，文物損失散佚殆不少。溥儀居內廷時，以賞賜、送禮等名義將文物盜出宮外，手下人亦效其尤，至1923年中正殿大火，清宮文物再次遭到嚴重損失。儘管如此，清宮的收藏仍然可觀。在故宮博物院籌備建立時，由"辦理清室善後委員會"對其所藏進行了清點，事竣後整理刊印出《故宮物品點查報告》共六編28

冊，計有文物117萬餘件（套）。1947年底，古物陳列所併入故宮博物院，其文物同時亦歸故宮博物院收藏管理。

二次大戰期間，為了保護故宮文物不至遭到日本侵略者的掠奪和戰火的毀滅，故宮博物院從大量的藏品中檢選出器物、書畫、圖書、檔案共計13427箱又64包，分五批運至上海和南京，後又輾轉流散到川、黔各地。抗日戰爭勝利以後，文物復又運回南京。隨着國內政治形勢的變化，在南京的文物又有2972箱於1948年底至1949年被運往台灣，50年代南京文物大部分運返北京，尚有2211箱至今仍存放在故宮博物院於南京建造的庫房中。

中華人民共和國成立以後，故宮博物院的體制有所變化，根據當時上級的有關指令，原宮廷中收藏圖書中的一部分，被調撥到北京圖書館，而檔案文獻，則另成立了"中國第一歷史檔案館"負責收藏保管。

50至60年代，故宮博物院對北京本院的文物重新進行了清理核對，按新的觀念，把過去劃分"器物"和書畫類的才被編入文物的範疇，凡屬於清宮舊藏的，均給予"故"字編號，計有711338件，其中從過去未被登記的"物品"堆中發現1200餘件。作為國家最大博物館，故宮博物院肩負有蒐藏保護流散在社會上珍貴文物的責任。1949年以後，通過收購、調撥、交換和接受捐贈等渠道以豐富館藏。凡屬新入藏的，均給予"新"字編號，截至1994年底，計有222920件。

這近百萬件文物，蘊藏着中華民族文化藝術極其豐富的史料。其遠自原始社會、商、周、秦、漢，經魏、晉、南北朝、隋、唐，歷五代兩宋、元、明，而至於清代和近世。歷朝歷代，均有佳品，從未有間斷。其文物品類，一應俱有，有青銅、玉器、陶瓷、碑刻造像、法書名畫、印璽、漆器、琺瑯、絲織刺繡、竹木牙骨雕刻、金銀器皿、文房珍玩、鐘錶、珠翠首飾、家具以及其他歷史文物等等。每一品種，又自成歷史系列。可以說這是一座巨大的東方文化藝術寶庫，不但集中反映了中華民族數千年文化藝術的歷史發展，凝聚着中國人民巨大的精神力量，同時它也是人類文明進步不可缺少的組成元素。

開發這座寶庫，弘揚民族文化傳統，為社會提供了解和研究這一傳統的可信史料，是故宮博物院的重要任務之一。過去我院曾經通過編輯出版各種圖書、畫冊、刊物，為提供這方面資料作了不少工作，在社會上產生了廣泛的影響，對於推動各科學術的深入研究起到了良好的作用。但是，一種全面而系統地介紹故宮文物以一窺全豹的出版物，由於種種原因，尚未來得及進行。今天，隨着社會的物質生活的提高，和中外文化交流的頻繁往來，無論是中國還是西方，人們越來越多地注意到故宮。學者專家們，無論是專門研究中國的文化歷史，還是從事於東、西方文化的對比研究，也都希望從故宮的藏品中發掘資料，以探索人類文明發展的奧秘。因此，我們決定與香港商務印書館共同努力，合作出版一套全面系統地反映故宮文物收藏的大型圖冊。

要想無一遺漏將近百萬件文物全都出版，我想在近數十年內是不可能的。因此我們在考慮到社會需要的同時，不能不採取精選的辦法，百裏挑一，將那些最具典型和代表性的文物集中起來，約有一萬二千餘件，分成六十卷出版，故名《故宮博物院藏文物珍品全集》。這需要八至十年時間才能完成，可以說是一項跨世紀的工程。六十卷的體例，我們採取按文物分類的方法進行編排，但是不囿於這一方法。例如其中一些與宮廷歷史、典章制度及日常生活有直接關係的文物，則採用特定主題的編輯方法。這部分是最具有宮廷特色的文物，以往常被人們所忽視，而在學術研究深入發展的今天，卻越來越顯示出其重要歷史價值。另外，對某一類數量較多的文物，例如繪畫和陶瓷，則採用每一卷或幾卷具有相對獨立和完整的編排方法，以便於讀者的需要和選購。

如此浩大的工程，其任務是艱巨的。為此我們動員了全院的文物研究者一道工作。由院內老一輩專家和聘請院外若干著名學者為顧問作指導，使這套大型圖冊的科學性、資料性和觀賞性相結合得盡可能地完善完美。但是，由於我們的力量有限，主要任務由中、青年人承擔，其中的錯誤和不足在所難免，因此當我們剛剛開始進行這一工作時，誠懇地希望得到各方面的批評指正和建設性意見，使以後的各卷，能達到更理想之目的。

感謝香港商務印書館的忠誠合作！感謝所有支持和鼓勵我們進行這一事業的人們！

1995年8月30日於燈下

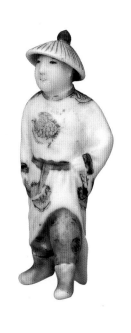

目錄

文物目錄

玉石類鼻煙壺

瓷器類鼻煙壺

竹木牙角匏和漆類鼻煙壺

內畫類鼻煙壺

導言

李久芳

吸聞鼻煙的嗜好源於美洲的印第安人，他們將炮製好的煙葉加入花草等植物後搗成粉末吸聞，據稱可以解除疲勞，醫治頭疼、感冒。16世紀初，哥倫布第二次抵達美洲大陸之後，把美洲種植煙草的技術和鼻煙的製造方法傳播到了歐洲。此後，吸聞鼻煙的嗜好在歐洲逐漸傳播，並深受王公貴族的青睞。

依據文獻記載和實物遺存分析可知，中國最早出現鼻煙和鼻煙壺，應在清康熙年間（1662—1722）。據康熙四十四年（1705）成書的《香祖筆記》記載："近京師又有製為鼻煙者，云可明目，尤有辟疫之功。以玻璃為瓶貯之，瓶之形象種種不一，顏色亦具紅、紫、黃、白、黑、綠諸色。白如水晶、紅如火齊，極可愛玩。以象齒為匙，就鼻嗅之，還納於瓶。皆內府製造，民間亦有仿之，終不及。"此書作者王世禎係康熙朝大臣，對內廷的情況了解頗豐，其所記的具體事項應是可靠的。另據相關資料記載：康熙二十三年（1684），皇帝首次南巡時，在江寧（今南京）接見了西方的傳教士畢嘉和汪儒望。二人把從西方帶來的珍貴禮物恭獻給康熙皇帝，其中就有鼻煙。由此可知，中國的鼻煙，是康熙年間隨着西方傳教士的到來而傳入的，並首先在皇室和貴族中流行，18世紀後，方擴散到民間。

西方的鼻煙使用時多置於鼻煙盒內，這種鼻煙盒雖然精巧，但鼻煙味道容易揮發，也容易傾覆灑漏，更重要的是不適合中國人傳統的佩帶習慣。因此，中國人將傳統的儲藥用的小藥瓶重新設計和改進，擴大了瓶腹的容量，用軟木製成瓶塞，塞下插入用象牙、竹籤或貴金屬製成的小匙，塞上用珍貴的材料鑲嵌成瓶蓋和蓋紐。這樣便製成了式樣新穎、可隨身攜帶且使用方便的"鼻煙壺"。康熙時期是中國鼻煙壺生產的初期，從現存的實物中僅見金屬胎畫琺瑯康熙御製鼻煙壺和青花釉裏紅瓷鼻煙壺兩大類。但從文獻記載中尚可看到有：單色玻璃鼻煙壺、玉石類鼻煙壺、匏器類鼻煙壺等多個品種。鼻煙壺的式樣多見小口、擴腹，仿漢代扁壺式。通常器物的肩部或有起伏，腹部或有凹凸等變化。圖案裝飾常見刻畫花卉、花鳥、山水人物和動物等題材，極力追求繪畫效果。有的作品還採用鑲嵌技法，截取其他作品的局部畫面鑲於鼻煙壺之上，別開生面。總之，康熙時期鼻煙壺的生產雖然是創始階段，但工藝精湛，品類繁多，其式樣和紋飾更是千變萬化，紛然不可勝識。

清雍正（1723—1735）、乾隆（1736—1795）時期，王公大臣乃至市民階層中吸聞鼻煙的嗜好已十分普及，從而促進了鼻煙壺生產規模的擴大和品類的增多。宮廷中鼻煙壺的製作更是欣欣向榮，達到了鼎盛。"造辦處"各作和"御窰廠"等御用生產機構，除日常設計和生產鼻煙壺之外，還要在"萬壽"、"元旦"、"端午"三大節日，精造一批鼻煙壺，以備皇帝賞賜之用。如乾隆二十年（1755），皇帝在避暑山莊賞賜羣臣，曾命宮廷內的"玻璃廠"一次生產鼻煙壺500件。與此同時，各地官員不斷把本地生產的有特點的鼻煙壺進貢給朝廷，由此可知其需求量之大了。嘉慶（1796—1820）以後，宮廷中鼻煙壺的製作水平下降，有的品種甚至已經停產。而民間鼻煙壺的生產卻如雨後春筍般發展起來，並有所創新，其中的"內畫鼻煙壺"，更是異軍突起，開創了鼻煙壺製作的新時代。

精美的鼻煙壺融會了中國藝術的許多門類，被視為一門綜合性藝術。本卷從宮廷收藏的數千件鼻煙壺中精選出410件，包括了玻璃類鼻煙壺、金屬胎琺瑯類鼻煙壺、玉石類鼻煙壺、瓷器類鼻煙壺、竹木牙角匏和漆類鼻煙壺、內畫類鼻煙壺等六大類，每類中又包含了諸多不同的品種。小小的鼻煙壺集中國藝術之大成，放射出奇光異彩。

玻璃類鼻煙壺

玻璃古稱"琉璃"，近人俗稱"料器"。中國的玻璃製造可以上溯至西周時期，迄今已有近三千年的歷史。到了清代，玻璃製造業有了很大發展，康熙三十五年（1696）在宮廷內建立起"玻璃廠"，由山東淄博徵調燒製玻璃的匠師，在內廷生產皇家所需的玻璃製品，並燒造出一些新的色彩。康熙後期還聘請西方燒造玻璃的技師，在內廷指導生產，使玻璃的生產水平有了很大提高。至雍正、乾隆時期，玻璃的燒造技術和製造工藝達到了最高峯，不僅釉色增多，還出現了攪料、金星料和套料等許多新品種。以玻璃為胎，表面用琺瑯彩作畫的玻璃胎琺瑯彩作品，更是精美異常。這些技巧運用到鼻煙壺的製作上，更使其顯得玲瓏奇巧，異彩紛呈。

1. 單色玻璃鼻煙壺

康熙年間已經成功燒造出白、黃、紅、紫等多種單色玻璃鼻煙壺，但這些作品僅見於文獻記載，而今已無遺存實物。以雍正、乾隆時期為代表的清中期，玻璃鼻煙壺的燒製技法更加成熟，除了"寶石紅"、"寶石藍"、"寶石綠"、"砷磲白"等純正的顏色之外，還出現了"豇豆紅"、"蘋果綠"、"藕合紫"、"胭脂紅"等清淡典雅的中間過渡色，使玻璃鼻煙壺的色彩更為豐富絢麗。

2. 彩色攪料玻璃鼻煙壺

攪料玻璃是清中期出現的新品種。其燒製方法是在作為主體的單色玻璃坯上粘附數條不同色彩的玻璃料，在吹製時使玻璃料旋轉扭動，這樣吹出來的器物上便會形成不同色彩的螺旋狀紋理，十分美麗。還有一些作品，是把不同色澤的玻璃料混在一起加工，製成鼻煙壺後，各個局部就會形成不同的色彩，且各種顏色之間不會留下銜接的痕迹。

3. 金星玻璃鼻煙壺

金星玻璃是在歐洲進口玻璃的影響下，於清中期在宮廷內玻璃廠燒製成功的。燒製這種玻璃，要在原料之中加入銅，並嚴格控制燒製時的溫度。據稱這種料在坩堝中燒煉成型後，不能馬上取出，需待其在坩堝內冷卻，將坩堝打碎才能取出。製作器物時，則要如琢玉般用砣具碾琢。

由此可知，金星玻璃不僅燒料複雜，燒製技術難度高，而且加工製作亦耗工費時。金星玻璃有金星滿佈者（圖122），其金星閃爍燦爛；有金星散落者，俗稱"灑金星"（圖120），其金星飄散，意境獨到；又有一種色彩混淆頗似油滴釉者（圖121），內雜金星，色彩游離斑斕，別有趣味。

4. 套色玻璃鼻煙壺

所謂"套色"，即以白色或淺淡色為主體的單色玻璃製坯，在坯上罩一層、二層或多層的不同顏色，然後在彩色玻璃層上碾琢出不同色彩的花紋圖案，如同漆器中的"剔彩"技法。剔彩漆器有"橫色"和"豎色"之分，套色玻璃鼻煙壺亦有橫豎之分，"橫色"者，在同一層面上是同一種顏色的圖案；"豎色"者，則於同一層面上出現了五顏六色的圖案。相比而言，"豎色"技法更適合套色玻璃的發展。這種套色玻璃，乃中國之發明。波謝爾在《中國美術史》一書中稱："……琢碾，尤其套料——不同層次色彩的琢碾，是中國匠師們所創造的最新穎、獨特的技法，而且取得了優雅的藝術效果。"

5. 玻璃胎琺瑯彩鼻煙壺

琺瑯是以長石、石英等為主要原料，入窰燒煉成的一種礦物質釉料。研成粉末之後，可在金屬胎、玻璃胎和瓷胎上填敷和描繪花紋圖案，再入窰燒煉便成為色彩鮮艷、光澤晶瑩亮麗的琺瑯製品了。以玻璃為胎，用琺瑯彩在上面作畫，是清代中期御用匠師們的一項創新。這種玻璃胎琺瑯彩鼻煙壺的製作技術難度高，工藝過程複雜。首先要有一個色彩純淨的玻璃坯胎，其次需在坯胎上設計圖案，這項設計工作由宮廷內著名畫家和設計師承擔，之後呈交皇帝親自審閱批准。待皇帝首肯之後，再交琺瑯廠燒製。玻璃胎琺瑯彩鼻煙壺燒製成功之後，受到皇帝的青睞，故發展迅猛。不但作品形式日趨多樣化，其鮮活艷麗的色彩和美麗的圖紋裝飾，更是令人叫絕。題材常見花卉、花鳥、山水、人物、動物以及各種吉祥紋樣，很多均出自宮廷名家之手。有的還刻畫西洋景物和基督神像等，且形象準確，顯然是在宮廷服務的西方畫家創作的。

乾隆以後，玻璃胎琺瑯彩鼻煙壺的燒製逐漸衰退，清末雖偶有出現，然或色彩不純，或燒出細微氣泡，用手輕輕觸之，有劃手之感，皆非上品，唯有一種署"古月軒"款者，胎薄體輕，畫意可佳，堪稱清晚期以來的精品。

金屬胎琺瑯類鼻煙壺

金屬胎琺瑯製品，分為金屬胎起線琺瑯和金屬胎畫琺瑯兩大類。金屬胎起線琺瑯，俗稱"景泰藍"，大約在13世紀由阿拉伯地區傳入中國，並逐漸發展成為富有中國民族特色的傳統工藝門類，原包括掐絲起線和鏨花起線兩種，乾隆時期又出現了錘鍱起線的新品種。金屬胎畫琺瑯大約是清康熙年間，借鑑了歐洲畫琺瑯的製造技術，在內廷"琺瑯廠"燒製成功的。康熙後期，還從歐洲聘請燒琺瑯的技師，在琺瑯廠指導畫琺瑯製品的生產，燒製畫琺瑯的技術得到進一步完善和提高，燒製出來的畫琺瑯製品胎薄體輕，釉色鮮艷。由於畫琺瑯比起線琺瑯適宜製造小型的器物，故畫琺瑯類鼻煙壺留存的數量較多。

1. 康熙時期金屬胎畫琺瑯鼻煙壺

金屬胎畫琺瑯鼻煙壺的生產始於康熙時期，當時製作的金屬胎畫琺瑯鼻煙壺的底部都燒出"康熙御製"年款，這種現象在當時生產的其他類作品中很少見到，由此可知康熙皇帝對畫琺瑯鼻煙壺格外鍾愛。畫琺瑯梅花圖鼻煙壺（圖127），是康熙時期生產的金屬胎畫琺瑯鼻煙壺的代表作之一，其造型仿漢代背壺式，通體以白釉為地，腹部圓形開

光內繪老梅一株，枝幹交錯，數點紅色、白色梅花，或盛開枝頭，或含苞待放。花瓣之上用暈色的技法，由淺入深，頗顯花朵的立體效果。開光外側飾以萬壽菊花，十分巧妙地把冬日傲雪之梅花與秋日迎霜的壽菊互相映襯，意境獨到。

2. 雍正時期的金屬胎畫琺瑯鼻煙壺

雍正時期，金屬胎畫琺瑯工藝進一步發展。鼻煙壺的製作更趨小巧玲瓏，且變化多樣。除背壺式外，還出現了新穎的荷包式、葫蘆式、花瓣式、雙連式等式樣，紋飾題材仍以花卉為主，嘗見有梅花、牡丹、玉蘭、茶花、荷花、菊花等四季花卉以及"玉兔秋香"、"錦袱"等圖案。其色彩進一步增多，據記載，雍正六年（1728）成功燒製了十八種新釉色，豐富了畫琺瑯工藝的表現力。如畫琺瑯黑地牡丹花圖鼻煙壺（圖130），滿地施黑色釉，一朵牡丹盛開枝頭，周圍襯托綠葉黃花，色彩明快亮麗，十分醒目。畫琺瑯勾蓮紋荷包形鼻煙壺（圖134），式樣新穎別致，通體以白釉為地，上壓紅、粉紅、淡藍、寶藍、黃、橙黃、淺黃、綠、草綠、紫、淡紫和黑等彩色釉，色彩豐富，使花朵和枝葉極具層次感。畫琺瑯紫地白梅圖鼻煙壺（圖129）和畫琺瑯黑地白梅圖鼻煙壺（圖131），所繪梅花枝幹展捲曲折，如蒼龍戲水，枝頭梅花綻放，頗具意境，然圖紋裝飾過於細密，不免給人繁縟之感。

3. 乾隆時期的金屬胎畫琺瑯鼻煙壺

乾隆時期是畫琺瑯工藝發展的高潮。鼻煙壺的造型式樣不斷翻新，橄欖式、鳳尾式、蔬果式、花蕊式等不一而足，極盡製作技巧之能。釉色純淨多變，圖紋豐富艷麗，並更多地出現了西洋風景和人物，許多作品都是宮廷內中外名畫家的手筆。如畫琺瑯母嬰戲鳥圖鼻煙壺（圖156），以遠處淺淺的山水為背景，近景則精心刻畫母親慈祥地關注正在玩耍的子女，把母親對子女的關愛表現得淋漓盡致。畫琺瑯胭脂紅西洋風景畫鼻煙壺（圖174），畫面以白釉為地，純用胭脂紅釉的深淺濃淡表現遠山近水，景物清新，層次分明。用胭脂紅釉刻畫春天欣欣向榮的景象可謂恰到好處，這也是清代中期畫琺瑯工藝湧現出的新的裝飾技法。畫琺瑯西洋母嬰圖鼻煙壺（圖162），採用西洋繪畫技巧，刻畫西洋人物的不同形象，真實生動，達到了油畫的效果。畫琺瑯花鳥圖鼻煙壺（圖149），器型為傳統的扁壺式，腹兩側及中心邊緣處凸起鍍金纏枝花卉裝飾，空間處施紫色或綠色琺瑯釉，開光內刻花鳥圖紋，色彩明快活潑，形態準確細膩，具有很高的藝術水平。這類風格的作品，係廣東地方官員的貢品。畫琺瑯結合歐洲巴洛克藝術風格，也是從清代中期開始出現的。

4. 嘉慶時期及其以後的鼻煙壺

嘉慶年間，隨着社會經濟的衰退，畫琺瑯的生產水平也逐漸低落，嘉慶十八年（1813）宮廷造辦處停止了金屬胎畫琺瑯鼻煙壺的生產。嘉慶前期生產的畫琺瑯蕃人進寶圖鼻煙壺（圖177），式樣仍有乾隆朝的遺風，但釉色卻顯得灰暗，顏色也不清晰，其工藝水平已無法同乾隆時期相比了。畫琺瑯海屋添籌圖葫蘆形鼻煙壺（圖176），畫面情節的刻畫尚屬上乘，然釉色亦顯得灰暗。圈足內署藍釉篆書"敬製"二字款，為嘉慶時期的工藝特點。

5. 金屬胎起線琺瑯鼻煙壺

由於金屬胎起線琺瑯的工藝特點是胎重釉厚，起線又需佔一定空間，不適宜製造小巧玲瓏的作品，故此類鼻煙壺的數量十分稀少。在清宮遺存的作品中，僅見一件"乾隆年製"款掐絲琺瑯勾蓮紋雙連瓶形鼻煙壺（圖180）和一件清晚期掐絲琺瑯寶相花紋鼻煙壺（圖181），前者琺瑯釉色純正厚重，沒有砂眼，掐絲稍顯粗壯，反映出乾隆時期琺瑯工藝的基本特徵。後者釉色不甚純正，然掐絲纖細勻稱，表面光潔細膩，反映出清晚期琺瑯工藝的特點。

清宮琺瑯器的製作從康熙年間建立"養心殿琺瑯廠"開始，其後琺瑯廠並入造辦處，稱"造辦處琺瑯作"，其工匠大部分是由廣東徵調來的，少量來自江西。這些技藝超卓的工匠製作了許多優秀作品，為中國琺瑯工藝的發展創造了輝煌的成就。特別值得一提的是，當時尚有兩位來自歐洲的技師在宮廷內從事琺瑯器的生產，一位是康熙五十六年（1717）來京的格雷弗雷，另一位是康熙五十八年（1719）到京的陳中信，他們對中國畫琺瑯工藝技術的發展，起了重要的推動作用。

玉石類鼻煙壺

中國古人視玉為寶，佩玉被認為是代表君子的高尚德行，所謂"君子佩玉，無故玉不去身"。因此，清初用玉石碾琢成的鼻煙壺便成了各類鼻煙壺中的佼佼者。其中除玉之外，常見瑪瑙、水晶、翡翠、碧璽、綠松石、青金石、珊瑚、孔雀石、蜜蠟等許多品種。這些性質不同、本不屬於同一類的材質，由於製作時均需採用砣具，以金剛砂和水碾琢，故研究玉器者，把它們都列入琢玉的範疇之內。琢玉工藝從開料至製作完成，需經多道工序，其中難度最大、要求最高者，莫過於"掏膛"技術，那些小口、深膛、擴腹的器物，更是難以駕御。鼻煙壺儘管式樣紛呈，但小口、深膛、擴腹乃是其最基本要求，因此，玉石類鼻煙壺的碾琢有一定難度，首先要工藝秀美，其次應小巧玲瓏，另外還需質地精良，這是對玉石類鼻煙壺最基本的要求。

1. 玉鼻煙壺

中國的美玉主要產自新疆和田地區，清初由於政權初建，新疆地區局勢尚不穩定，優質玉料來源受阻。乾隆年間平定了新疆少數分裂分子的叛亂之後，玉料來源才暢通。此後每年分春、秋兩季採玉，作賦稅貢進內廷，一年約四千斤。由於優質玉料來源不斷，促進了琢玉業的興旺發達，當時蘇州的專諸巷，是全國琢玉水平最高的地區。宮廷中的玉器，設計好樣式之後，均由內務府發文連同玉料送往蘇州碾琢。現今保存在宮廷中的玉鼻煙壺，大部分均出自專諸巷玉工之手。白玉鑲碧玉蒂茄形鼻煙壺（圖203），玉如凝脂，潔白無瑕，口上用碧玉嵌成茄蒂，上面又以玉琢成高紐，作成茄繫。驟視之，一個鮮嫩的白色茄子逼真地呈現在眼前。與之同類的幾十件作品，每件大小不盡相同，皆工藝精美之作。另有白玉帶皮紅霞晴雪鼻煙壺（圖210），表面局部帶有一層絳紅色的皮色，嬌艷之極，令人嘆為觀止。黃玉三繫鼻煙壺（圖238），壺體局部有褐色沁斑，肩部鏤空凸雕三繫，可拴繩繫掛。其質地純淨瑩潤，為罕見的佳作，黃玉者，更顯稀少珍貴。碧玉結繩紋鼻煙壺（圖202），腹部如繩捆紮，體積雖小，卻使人感到有內中蓄酒的重量，頗有小中見大的藝術效果。一塊美玉在能工巧匠的手中經過反復錘煉碾琢，即可製成小不及寸的玉鼻煙壺，成為人們愛不釋手的掌中珍玩，不禁令人讚嘆不已。

2. 翡翠鼻煙壺

翡翠產於緬甸，中國用料基本依靠進口。通常稱"紅者為翡，綠者為翠"，質地佳者，光澤亮麗，透明度高，即所謂"水分足"。所以翡翠鼻煙壺主要依其質地的優劣，來識別作品等級的高低。清宮中的"高翠"（即優質翡翠），多用作佩飾，翡翠鼻煙壺並不多見。翠玉光素鼻煙壺（圖241），綠色鮮亮，實屬此類鼻煙壺中之精品。

3. 瑪瑙鼻煙壺

由於瑪瑙的產地廣泛且蘊藏豐富，因此用瑪瑙製作的鼻煙壺的數量頗多。瑪瑙品類繁多，常見漿水瑪瑙、花斑瑪瑙、錦紅瑪瑙、紅白瑪瑙、纏絲瑪瑙等。瑪瑙自身常有黃色或褐色的外皮，有的還含有不同色澤的斑點或條紋。利用其這一特點，可以雕琢出物象萬千，達到一種"仿佛兮如輕雲之蔽月，飄搖兮如流風之迴雪"的藝術境界。瑪瑙巧作鸞鳳鯤鵬紋鼻煙壺（圖252），即利用瑪瑙原有的皮色，浮雕一鯤鵬立於山石之上，俯首凝視下面的波濤與紅日，有"鵬程萬里"之意境，實為精品。另一件瑪瑙巧作獅鳥紋鼻煙壺（圖260），在一塊間雜橙黃色斑的漿水瑪瑙上，巧作一隻奔跑逐雀的小獅，形態準確生動，獨具匠心。瑪瑙天然歸舟圖鼻煙壺（圖249），腹部正中夾雜着一塊半圓形的黑斑，如同開光一般，黑斑中顯現黑夜中的漁港，眾多漁船靠岸，桅桿矗立，意趣盎然。這些作品選料精美，碾琢細緻，實乃瑪瑙鼻煙壺中難得的佳作。

瑪瑙鼻煙壺十分注重碾琢的工藝水準，許多小口擴腹之器，要求腹部的碾琢必須薄厚均勻，置於水中，鼻煙壺漂浮水面，需直立不傾斜，方屬上乘之作。這種要求實為琢玉的最高標準，非一般工匠可以完成。

4. 水晶鼻煙壺

水晶的種類較多，常見白色透明水晶、茶晶、紫晶等品種，有的內含類似鬃髮的雜質，俗稱"髮晶"。水晶鼻煙壺在康熙年間已然出現，據史料記載，康熙四十三年（1704），康熙帝曾贈給羅馬教皇的使節鋒羅一件水晶鼻煙壺。這是玉石類鼻煙壺中見諸記載的最早的一件作品，但實物已經不存。髮晶獸面啣環耳鼻煙壺（圖274），內含根根黑色物質，有的纖細如髮，有的粗壯如鬃，縱橫交錯，似在隨風飄動，別有情趣。紫晶瓜形鼻煙壺（圖277），色如成熟葡萄的紫色，晶瑩亮麗，十分珍貴。煙晶光素鼻煙壺（圖276），式樣小巧玲瓏，格外美麗。這些作品都是玉石類鼻煙壺中不可多得的珍品。

5. 琥珀、珊瑚鼻煙壺

琥珀是樹脂在高溫高壓的條件下，經長時間的礦化而形成的礦物化石，有金珀、琥珀之分。所謂"金珀"者，亦稱蜜蠟，其透明度好，質地純淨，所製鼻煙壺倍受青睞。珊瑚有紅白兩種，形狀如樹，多作壺蓋和鑲嵌之用，琢成鼻煙壺者極少見。珊瑚雕蝠桃紋鼻煙壺（圖285），緣其紋理雕成如巨浪波濤般的雲紋，其中似有蝙蝠出沒，寓為"福壽如海"之意，是珊瑚類鼻煙壺中的珍品。

6. 青金石、綠松石和孔雀石鼻煙壺

青金石產於阿富汗、巴基斯坦和俄羅斯等地區，中國用料均依靠進口。青金石質地較粗糙，不透明，以色深藍如澱、上有金星者為上品。宮廷中多用作手飾和皇帝祭天專用的朝珠，製成鼻煙壺者不多。青金石瓜形鼻煙壺（圖287），色深，有金星，其間略顯白斑。瓜之外面浮雕枝蔓和小瓜，一蝶飛舞其間，寓意"瓜瓞綿綿"，工藝尚屬精湛。綠松石產地廣泛，質地較粗糙，不透明，以色綠略顯黑者為佳。松石填金牡丹紋鼻煙壺（圖289），色澤鮮綠明快，線刻花卉餞金，形式新穎。孔雀石，多伴隨着銅礦出現。常見墨綠色中夾雜嫩綠色斑，透明

度差。孔雀石天然紋鼻煙壺（圖291），形體及色澤的利用均顯示出作者碾琢之功力。

總之，宮廷中玉石類鼻煙壺不僅顯示出玉石類鼻煙壺的多樣性，也展現出當時琢玉工藝的水平和成就。

瓷器類鼻煙壺

清代的瓷器製造技術有了巨大發展，達到了歷史上的高峯。在製瓷業中心景德鎮，形成了"器成天下走，工匠來四方"的繁榮局面。官府亦在此設立御窰廠數十座，專門生產皇家所需的瓷器。在這種繁榮的形勢下，清代燒製瓷類鼻煙壺的技術有了多方面創新和發展，可以燒製青花、釉裏紅、青花加紫、一道釉、五彩、粉彩、鬥彩和琺瑯彩等諸多種類。

1. 康熙時期的瓷類鼻煙壺

康熙時期的青花瓷燒造技術特點明顯，圖紋色彩典雅清新，猶如繪畫中的暈染效果。青花寒江獨釣圖鼻煙壺（圖292），刻畫遠山近水，霧雨迷濛。垂釣者獨坐於岸邊，展現出一派孤寂寧靜的江南深秋景象，給人以"獨釣寒江雪"的意境。此類圖畫，頗被人們所賞識，俗呼之曰"大獨釣"而享譽於世。青花釉裏紅驢行圖鼻煙壺（圖298）和駝行圖鼻煙壺，皆釉下泛紅，鮮艷亮麗。前者以簡練的技法勾畫出一紅體間白花的奔驢，神態栩栩如生。後者刻畫一駝，昂首緩行於沙漠之中，此類題材作品俗稱"駱駝峯"，倍受人們的喜愛和歡迎。另一件青花加紫攜杖出行圖鼻煙壺（圖301），釉下青花，釉上紫彩，上下襯托，相得益彰。

2. 雍正時期的瓷類鼻煙壺

雍正時期瓷類鼻煙壺的燒製有了巨大發展，從檔案及有關資料可知，青花、釉裏紅、五彩、粉彩和琺瑯彩的鼻煙壺均已出現，然目前宮中遺存的數量不多，且多為青花類鼻煙壺，顯然不能全面反映出雍正時期鼻煙壺的製作水平。但從青花纏枝牡丹紋鼻煙壺（圖302）等作品中，仍然可見當時鼻煙壺的某些時代風格和特點。

3. 乾隆時期的瓷類鼻煙壺

乾隆時期是中國製瓷技術發展的頂峯。瓷類鼻煙壺的燒製精益求精，追求多樣化，尤其是粉彩和瓷胎琺瑯彩鼻煙壺皆胎薄體輕，厚薄均勻，坯胎純淨，底釉潔白，上壓粉彩，色調柔和亮麗，五彩繽紛。其圖紋多是由宮廷內著名畫家按皇帝意圖進行創作，並經皇帝審定，再發往景德鎮御窰廠燒製，工藝要求十分嚴格。粉彩開光菊花圖詩句鼻煙壺（圖315），一面為粉彩繪洞石菊花，另一面為墨彩隸書乾隆御題詠菊花詩一首。詩情畫意相得益彰。此類鼻煙壺都是成套貢進宮廷，每套十件或二十件不等。皇帝常用這類煙壺作為禮物，在三大節日期間賞賜給王公大臣，以示恩寵。粉彩開光玉蘭牡丹圖鼻煙壺（圖312），形制秀麗，開光內釉色潔白純淨，上壓玉蘭、牡丹，透出春天的氣息；另一側彩繪菊花圖，卻是深秋景象，作者巧妙地利用花卉在不同空間內展現出季節的變化。粉彩暗八仙紋鼻煙壺（圖304），腹部以花卉串連神話傳説中八仙手執的法器組成圖紋，俗稱"暗八仙"。這類圖紋在清代的其他工藝品中常出現，用於鼻煙壺上則少見。而粉彩浮塑博古圖鼻煙壺（圖322），於白地上刻迴紋錦地、上壓浮雕博古圖的製作技法是此前較為罕見的。

當時瓷胎琺瑯彩鼻煙壺的燒製，需先由御窰廠燒製坯胎，發回內務府，並將畫樣呈進皇帝審批，再由造辦處琺瑯作燒製，其作品較之粉彩更加艷麗多姿，但此類鼻煙壺而今已無實物遺存。

4. 嘉慶時期的瓷類鼻煙壺

嘉慶初年，瓷類鼻煙壺的燒製繼承了乾隆朝的傳統，仍以粉彩鼻煙壺為主。其作品亦與乾隆時期無大差異。甚至於有些作品的底款是"嘉慶年製"，而腹部題詩卻為"乾隆御製"。這是由於嘉慶初年乾隆當了太上皇，他的詩畫仍然可以應用，而年號已然改變，則決不可再用了。如粉彩開光文會圖詩句鼻煙壺（圖326），仍然是傳統式樣，腹部開光內一面彩繪"文會圖"，另一面墨彩隸書乾隆御題詩，底部紅彩篆書"嘉慶年製"款。而粉彩開光麻姑獻壽圖鼻煙壺（圖327）、粉彩開光虞美人圖鼻煙壺（圖328）、粉彩開光歲歲平安圖鼻煙壺（圖329）等，則反映出嘉慶時期作品的一些特點。另有粉彩鏤雕九獅戲球圖鼻煙壺（圖330），是先在坯胎上鏤雕九獅，再上釉燒製，顯示出清代中期瓷雕技術的新發展。到了嘉慶朝後期，燒瓷技術日趨衰落，就無法同乾隆時期相比了。

5. 道光時期及清晚期的瓷類鼻煙壺

道光（1821—1850）及清晚期的瓷鼻煙壺，屬同一風格的作品。宮內瓷鼻煙壺已改由御窰廠直接燒製之後呈進。因此，其作品已然失去了工致細膩、莊重嚴謹的宮廷藝術特徵，然器型較以前更為靈活多樣，如粉彩鼠吞玉黍形鼻煙壺（圖371）、粉彩清裝人物形鼻煙壺（圖374）等，都是前所未見的。但這一時期的作品，胚胎較厚，釉色較少，色彩也不甚純正，是燒製水平低下的反映。

竹木牙角匏和漆類鼻煙壺

1. 竹木類鼻煙壺

自然界的竹木生長非常普遍，但要做成鼻煙壺則須兩個條件，其一材質要美，其二製作工藝水平要高。竹材中空，無法直接成器，而清代創製的竹簧器卻是製作竹類鼻煙壺最佳的選擇。其製作方法是將竹子浸泡於水中，然後翻轉其裏取出薄薄一層內膜，粘貼於木胎或竹胎之上，製成各種器物，故稱"竹簧器"，又稱"文竹"。此類器物以清乾隆時期宮內製作水平最佳，如文竹五蝠捧壽圖鼻煙壺（圖384），壺體正背面各鑲貼十八朵如意雲頭紋，朵朵相連，組成邊框，框內飾"五蝠捧壽"圖。圖紋上又施以細密的陰刻，更顯精緻。文竹夔紋六方鼻煙壺（圖383），器型小巧別致，製作十分精細。

椰木雕長茄形鼻煙壺（圖387），依椰木本色雕成茄形，以染綠象牙雕成的蓋紐為茄蒂，精美華麗。而核桃雕西洋長老圖鼻煙壺（圖386），在小不及寸的範圍內，凸雕山水，層次清晰，頗具功力。另外黃楊木亦可施雕刻，嘗見黃楊木雕子孫萬代鼻煙壺，十分精巧別致。

2. 牙角類鼻煙壺

象牙和犀角類鼻煙壺因材質十分珍貴，而被人們所珍愛和收藏。象牙葫蘆形鼻煙壺（圖379）和象牙苦瓜形鼻煙壺（圖377），小巧玲瓏，為牙雕鼻煙壺佳品。象牙魚鷹形鼻煙壺（圖375），以魚鷹腹為壺體，壺口置於魚鷹體下，有抽拉式蓋，蓋間有銅扣，可把蓋與壺口扣合；蓋正中陰刻楷書"乾隆年製"款，內填藍粉。其設計精巧別致，為諸多鼻煙壺中所僅見，是清宮造辦處牙作所製精品。虬角俗稱海馬牙，即海象之牙。可以浸成紅、綠等顏色，多作器物的局部裝飾。虬角筒形鼻煙壺（圖382），形式簡潔洗練，討人喜愛。犀角是貴重的藥材，據文獻記載有用犀角製成鼻煙壺者，其製法與牙雕同，而今遺存實稀少。

3. 匏器類鼻煙壺

匏器即通常所稱的"葫蘆器"，是在葫蘆生長的初期，雕模為範，然後套於葫蘆上，令其緣模生長，待成熟後，去模出範，即成為與模相同的匏器。據記載康熙皇帝曾在瀛台闢出專門園地種植葫蘆，故今存"康熙御製"款的匏器較多，而且式樣規矩、紋飾清晰，多為匏器的珍品。匏製整器的鼻煙壺遺存不多，然畫琺瑯嵌匏東方朔偷桃圖鼻煙壺（圖128）腹部的東方朔偷桃之匏片，花紋清晰，反映出康熙時期的工藝水平。匏製螭壽紋鼻煙壺（圖388），成形不甚規矩，紋飾亦不甚清晰，當為清晚期之作。

4. 漆器類鼻煙壺

漆器品類豐富，式樣繁多，是中國美術史上一顆璀璨的明珠。明人黃成在《髹飾錄》一書中，將漆器按製作方法和工藝特點概括分作14大類，101個品種，然而把漆工藝用於生產鼻煙壺，卻始終未能大力展開。嘗見赭色描金漆躍鯉圖鼻煙壺（圖399）和赭色描金漆蓮花紋鼻煙壺（圖400）等，是清代中期福建地方官恭進的貢品，皆在金漆之上描金色花紋，《髹飾錄》中謂此為"彩金象"，工藝水平極高。

雕漆是在木胎或金屬胎上髹漆，少則幾十層，多則一、二百層。髹漆之後，在漆上雕刻圖案，故名雕漆。雕漆中有紅色者，稱"剔紅"；有黃色者，稱"剔黃"；……又有一器之上五色兼施者，謂之"剔彩"。從這種反復髹漆的過程中可以看出，以雕漆工藝製造小巧玲瓏的鼻煙壺，似有些不相適宜，因此，宮廷中漆類鼻煙壺數量不多，質量亦不屬上乘。現存剔紅壽字紋鼻煙壺（圖397）和剔紅羲之愛鵝圖鼻煙壺（圖393）等雕漆作品多出自蘇州漆工之手，這是清代雕漆技藝由北方向南方轉移的結果。而紫漆淺刻梅花圖鼻煙壺（圖404），以刀代筆，線條流暢自然，則是道光之後出現的以盧葵生為代表的漆類鼻煙壺製作的新派別。

內畫類鼻煙壺

內畫鼻煙壺，是以透明的玻璃或水晶為胎製成鼻煙壺，再用特製的筆探入其口內，在壺腹部反向描繪圖畫。題材多為花草蟲魚、飛禽走獸、山石樹木、江河湖海、神話故事、戲劇人物和人物肖像等。這種獨特的藝術門類是在鼻煙壺製造工藝走向衰落時，異軍突起的。首先在北京地區興起，其後逐漸發展成熟，湧現出一批以內畫鼻煙壺為業的藝術大師，並形成了不同流派。由於內畫鼻煙壺傳播的時代較晚，加之當時經濟衰退，政局不穩，使這種新穎的工藝，未能在清宮內興盛起來。所以，宮廷舊藏的內畫鼻煙壺數量很少，名家的作品更不多，故本文僅把晚清的幾位名家予以簡單介紹。

（1）周樂元，清末人，生卒年不詳。早年曾是製造紗燈和宮燈的畫師，有較高的文化藝術修養。從事內畫鼻煙壺的創作以後，開創了內畫鼻煙壺一代新風。其作品以水墨山水花鳥見長，遺存的作品以玻璃內畫風雨歸舟圖鼻煙壺（圖406）為代表，其式樣似瓶，在腹部內裏描繪通景的山水人物圖。作者以簡練的筆法，用淡墨輕塗的技巧，配上少許的橙黃色，把一幅漁人風雨歸來的景象刻畫得如詩如畫，給人以無限的暇想。而其另一件作品"內畫荷花蜻蜓圖鼻煙壺"，則以輕墨淡綵刻畫出雨後柳塘之中靜謐的景色，充分顯現出作者深厚的藝術功力。

（2）馬少宣（1867—1937），一生創作勤奮，遺存內畫鼻煙壺數量頗豐。作品題材多樣，尤長於肖像畫和戲劇人物。他創作的"徐世昌肖像"、"黎元洪肖像"、"張之洞肖像"以及"英王六世和瑪利皇后肖像"，均形神兼備，如同照片貼於器物之上，受到廣泛好評。他對人物的刻畫精細傳神，能夠抓住人物活動的瞬間，表現其內心的情感世界。如水晶內畫肖像鼻煙壺（圖407），壺內一面以淡墨繪人物肖像，面部五官結構及光影處理頗有西畫之功底。另一面楷書節錄唐歐陽詢書《九成宮醴泉銘》。前有"曉泉二兄大人清賞"，末署"少宣馬光甲"款及"少宣"朱文篆書印。馬少宣的內畫鼻煙壺在1915年"太平洋萬國巴拿馬博覽會"上被授予名譽獎。

（3）葉仲三（1869—1945），作品題材廣泛，以雅俗共賞著稱於世。早期作品多仿周樂元、馬少宣諸家，藝術風格集二者所長，並形成自己的特點。他的作品《聊齋》故事及《紅樓夢》人物，幾乎家喻戶曉，受到廣泛讚揚。"玻璃內畫鍾馗嫁妹圖鼻煙壺"，刻畫傳說中"鍾馗嫁妹"的場面，作品以濃墨重彩的技法，刻畫出耐人尋味的情節，主題突出。"內畫五子鬧學圖鼻煙壺"，以青綠五彩之筆，把五個小兒頑皮、活潑的神態刻畫得栩栩如生。本卷收錄的玻璃內畫魚藻圖鼻煙壺（圖408、409），採用色彩暈染之技法，把在水中游動的金魚表現得惟妙惟肖。

（4）畢榮九，山東博山人，生卒年不詳。原是油漆彩畫的畫師，後改作內畫鼻煙壺，成為內畫鼻煙壺大師。作品題材有花卉、雄雞和山林村舍等，尤長於花卉、飛禽。他的代表作"玻璃內畫富貴牡丹圖鼻煙壺"，着色艷麗，筆法細膩，宛若一幅精彩的牡丹寫生圖。其作品對山東內畫鼻煙壺的產生和發展影響巨大。

上面介紹的這幾位從事內畫鼻煙壺創作的藝術大師，對內畫鼻煙壺的發展產生了深遠的影響，但他們都不是內畫鼻煙壺的首創者。內畫鼻煙壺的創始年代和創始人，迄今尚無定論。一般認為，從事內畫鼻煙壺的創作必須具備兩個條件，首先需掌握反向繪畫的技術，而從事宮燈、紗燈和玻璃繪畫的技師應具備這一條件，因為他們在這些器物上都是反向作畫的。其二要發明在鼻煙壺小口內作畫的工具。只有具備了這兩個前提條件，才可能出現內畫鼻煙壺。由此看來，內畫鼻煙壺工藝的創始人和創始年代，還有待於進一步深入的研究。

玻璃類鼻煙壺

Glass Snuff Bottles

1

玻璃胎琺瑯彩富貴圖鼻煙壺
清乾隆
通高5.4厘米　腹徑4厘米
清宮舊藏

**Glass bodied cloisonne enamel snuff bottle with design of
hibiscus, sweet-scented osmanthas, plum blossom and camellia**
Qianlong Period, Qing Dynasty
Overall height: 5.4cm
Diameter of belly: 4cm
Qing Court collection

鼻煙壺扁瓶形，橢圓形圈足。涅白玻璃胎上施金地琺瑯
彩。壺體兩面飾花瓣式開光，開光內一面繪芙蓉、桂花，
一面繪梅花、茶花，寓意"富貴榮華"。開光外繪纏枝花
紋。底陰刻"乾隆年製"篆書款。銅鍍金鏨花蓋連象牙匙。

此壺為宮廷造辦處玻璃廠製作，通體飾以金地，顯示出皇
家御用器的富麗堂皇。與之紋飾、工藝相同的鼻煙壺故宮
僅存三件，頗為珍貴。

2

玻璃胎琺瑯彩花鳥圖鼻煙壺
清乾隆
通高5.7厘米　腹徑4厘米
清宮舊藏

Glass bodied cloisonne enamel snuff bottle with bird-and-flower design
Qianlong Period, Qing Dynasty
Overall height: 5.7cm
Diameter of belly: 4cm
Qing Court collection

鼻煙壺扁瓶形，橢圓形圈足。涅白玻璃胎上施金地琺瑯彩。壺體兩面飾花瓣式開光，開光內繪春秋花鳥圖紋，一面為白頭、牡丹、柳樹；另一面為白頭、菊花、月季和山石。寓意"長壽富貴"。開光外繪如意雲頭紋及花草紋。底陰刻"乾隆年製"篆書款。銅鍍金鏨花蓋連象牙匙。

此壺開光內飾以金地，為宮廷造辦處玻璃廠所造的皇家御用器。

3

玻璃胎琺瑯彩花卉圖鼻煙壺
清乾隆
通高6.2厘米　腹徑4.8厘米

Glass bodied cloisonne enamel snuff bottle with floral design
Qianlong Period, Qing Dynasty
Overall height: 6.2cm
Diameter of belly: 4.8cm

鼻煙壺扁瓶形，橢圓形圈足。乳白玻璃胎上施琺瑯彩。
壺體繪通景茶花、梅花。頸、肩部及近足處繪裝飾紋
樣。底署藍色"乾隆年製"楷書款。銅鍍金鏨花蓋連象牙
匙。

此壺紋飾疏朗高雅，與宮廷御製品的華麗風格迥異。

4

玻璃胎琺瑯彩花卉圖鼻煙壺
清乾隆
通高6.6厘米　腹徑2.5厘米
清宮舊藏

Glass bodied cloisonne enamel snuff bottle with floral design
Qianlong Period, Qing Dynasty
Overall height: 6.6cm
Diameter of belly: 2.5cm
Qing Court collection

鼻煙壺瓶形，敞口，圈足。乳白玻璃胎上繪琺瑯彩。壺
體繪通景茶花、梅花。頸、肩部及近足處繪裝飾紋樣，
底署藍色"乾隆年製"楷書款。碧璽嵌珍珠蓋連竹匙。

5

玻璃胎琺瑯彩林檎黃鸝圖鼻煙壺
清乾隆
通高6.4厘米　腹徑3厘米

Glass bodied cloisonne enamel snuff bottle with design of
crabapple and orial
Qianlong Period, Qing Dynasty
Overall height: 6.4cm
Diameter of belly: 3cm

鼻煙壺瓶形，敞口、圈足。白玻璃胎上繪琺瑯彩。壺體
繪通景折枝海棠花，兩隻美麗的黃鸝棲息於樹枝上。
頸、肩部及近足處繪裝飾紋樣。底署藍色"乾隆年製"楷
書款。銅鍍金鏨花蓋。

6

玻璃胎琺瑯彩秋艷圖鼻煙壺
清中期
通高6.4厘米　腹徑2.8厘米
清宮舊藏

Glass bodied cloisonne enamel snuff bottle with bird-and-
flower design of charming autumn scenery
Middle Qing Dynasty
Overall height: 6.4cm
Diameter of belly: 2.8cm
Qing Court collection

鼻煙壺瓶形，直腹，圈足。白玻璃胎上繪琺瑯彩。壺體
繪通景秋艷圖，太湖石上有兩隻紅嘴相思鳥相對而視，
另一隻棲息於枝頭，背面一隻在空中飛翔，石旁的朵朵
野菊怒放，充滿生機。頸部繪藍色如意雲頭紋。底署藍
色"乾隆年製"楷書款。碧璽蓋連象牙匙。

7

玻璃胎琺瑯彩花鳥圖鼻煙壺
清乾隆
通高6.2厘米　腹徑4.3厘米
清宮舊藏

Glass bodied cloisonne enamel snuff bottle with bird-and-flower design
Qianlong Period, Qing Dynasty
Overall height: 6.2cm
Diameter of belly: 4.3cm
Qing Court collection

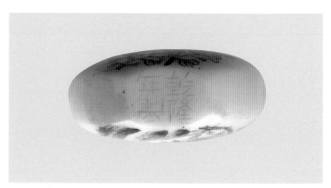

鼻煙壺扁瓶形，平底。白玻璃胎上繪琺瑯彩。壺體一面繪黃色長尾鳥棲息於枝頭，樹下菊花盛開。另一面繪月季、山石及飛舞的蝴蝶，紋飾含"長壽吉祥"的寓意。底陰刻"乾隆年製"款。銅鍍金鏨花蓋連象牙匙。

此壺圖紋繪製筆法幼稚，色彩鮮嫩，當非出自宮廷匠師之手。

8

玻璃胎琺瑯彩玉堂富貴圖鼻煙壺
清乾隆
通高5.8厘米　腹徑3.9厘米
清宮舊藏

Glass bodied snuff bottle with design of golden pheasant, peony, silver pheasant and magnolia
Qianlong Period, Qing Dynasty
Overall height: 5.8cm
Diameter of belly: 3.9cm
Qing Court collection

鼻煙壺扁瓶形，撇口，撇足。白玻璃胎上繪琺瑯彩。壺體一面繪錦雞、牡丹，另一面為立於壽石上的白鷳和玉蘭花枝。寓意"玉堂富貴"。頸、肩部飾裝飾紋樣，近足處飾如意雲頭紋。底署藍色"乾隆年製"款。

玻璃胎琺瑯彩鴛鴦戲荷圖鼻煙壺
清乾隆
通高5.5厘米　腹徑4厘米
清宮舊藏

**Glass bodied cloisonne enamel snuff bottle with design of
mandarin ducks sporting on a lotus pond**
Qianlong Period, Qing Dynasty
Overall height: 5.5cm
Diameter of belly: 4cm
Qing Court collection

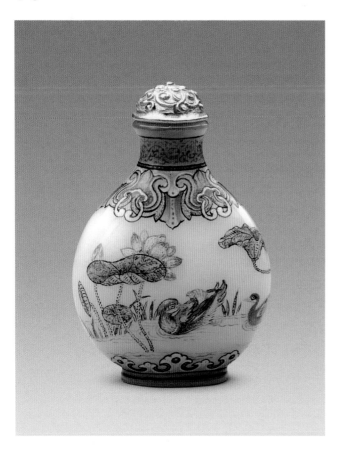

鼻煙壺扁瓶形，橢圓形圈足。乳白玻璃胎繪琺瑯彩。壺體
繪通景《鴛鴦戲荷圖》，池塘中翻捲自如的綠色荷葉襯托着
粉紅色的荷花，一對鴛鴦在水中追逐、嬉戲。頸、肩部及
近足處繪裝飾紋樣。底署藍色"乾隆年製"仿宋款。銅鍍金
鏨花蓋連象牙匙。

10

玻璃胎琺瑯彩鴛鴦白鷺圖鼻煙壺
清乾隆
通高6厘米　腹徑4厘米
清宮舊藏

**Glass bodied cloisonne enamel snuff bottle with design of egret
and mandarin ducks**
Qianlong Period, Qing Dynasty
Overall height: 6cm
Diameter of belly: 4cm
Qing Court collection

鼻煙壺敞口，鼓腹，撇足。乳白玻璃胎繪琺瑯彩。壺體繪
通景荷塘景色，一面繪鴛鴦在水中游弋，旁邊襯托荷葉和
開放的荷花，寓意"鴛鴦喜荷"；另一面繪荷花鷺鷥，荷花
古名芙蓉，鷺與"路"同音，寓意"一路榮華"。頸、肩部繪
裝飾紋樣，足外牆飾如意雲頭紋。底署藍色"乾隆年製"
款。

此壺色彩豐富，景物交代細緻，略帶西洋畫法。

11

玻璃胎琺瑯彩瓜蝶圖葫蘆形鼻煙壺
清乾隆
通高6.6厘米　腹徑3.1厘米
清宮舊藏

Glass bodied cloisonne enamel snuff bottle in the shape of
double-gourd with design of butterfly and melon
Qianlong Period, Qing Dynasty
Overall height: 6.6cm
Diameter of belly: 3.1cm
Qing Court collection

鼻煙壺葫蘆形，直口，束腰，圈足。涅白玻璃胎上繪琺瑯
彩。通體繪瓜蝶圖，瓜圓熟飽滿，蔓婉轉纏繞，蝴蝶在花
葉間飛舞。蝶與"瓞"諧音，葫蘆與"福祿"諧音，寓意"瓜
瓞綿綿"、"福祿萬代"。底署藍色"乾隆年製"楷書款。銅
鍍金鏨花蓋連象牙匙。

玻璃胎琺瑯彩福祿圖葫蘆形鼻煙壺
清乾隆
通高6.4厘米　腹徑3.2厘米
清宮舊藏

**Glass bodied cloisonne enamel snuff bottle in the shape of
double-gourd with design of bats and calabashes**
Qianlong Period, Qing Dynasty
Overall height: 6.4cm
Diameter of belly: 3.2cm
Qing Court collection

鼻煙壺葫蘆形，直口，束腰，圈足。白玻璃胎上繪琺瑯
彩，通體繪枝繁葉茂的葫蘆，綠葉、白花與黃色的葫蘆交
相掩映，五隻紅色的蝙蝠飛舞其間。葫蘆長蔓，有連綿不
斷之意，蝠與"福"同音，寓意"五福捧壽"、"福祿萬代"。
底署藍色"乾隆年製"楷書款。銅鍍金鏨花蓋連象牙匙。

13

玻璃胎琺瑯彩秋艷圖葫蘆形鼻煙壺
清乾隆
通高6厘米　腹徑2.8厘米
清宮舊藏

**Glass bodied cloisonne enamel snuff bottle in the shape of
double-gourd with design of autumn flowers**
Qianlong Period, Qing Dynasty
Overall height: 6cm
Diameter of belly: 2.8cm
Qing Court collection

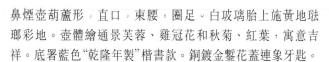

鼻煙壺葫蘆形，直口，束腰，圈足。白玻璃胎上施黃地琺　此壺為一對，皆畫工精細，色彩艷麗。
瑯彩地。壺體繪通景芙蓉、雞冠花和秋菊、紅葉，寓意吉
祥。底署藍色"乾隆年製"楷書款。銅鍍金鏨花蓋連象牙匙。

14

玻璃胎琺瑯彩夔龍紋鼻煙壺
清乾隆
通高4.8厘米　腹徑4厘米
清宮舊藏

Glass bodied cloisonne enamel snuff bottle with Kui-dragon design
Qianlong Period, Qing Dynasty
Overall height: 4.8cm
Diameter of belly: 4cm
Qing Court collection

鼻煙壺呈八角扁瓶形，平底。涅白玻璃胎上施粉紅地琺瑯彩。壺體前後兩面凸起，飾一藍一綠兩夔龍紋相互纏繞。環周繪藍彩纏枝花紋。底陰刻"乾隆年製"仿宋款。銅鍍金鏨花蓋連象牙匙。

此壺造型秀美規矩，紋飾層次清晰，色彩搭配和諧，為宮廷造辦處玻璃廠所製精品。

15

玻璃胎琺瑯彩暗八仙紋鼻煙壺
清乾隆
通高6.2厘米　腹徑3厘米
清宮舊藏

Glass bodied cloisonne enamel snuff bottle with design of emblems of the Eight Immortals
Qianlong Period, Qing Dynasty
Overall height: 6.2cm
Diameter of belly: 3cm
Qing Court collection

鼻煙壺燈籠式，圈足。紅色透明玻璃胎上施琺瑯彩。腹上半部繪瓔珞紋，下半部繪海水浪花托暗八仙紋，隱寓"八仙過海"，祝頌長壽之意。底署"乾隆年製"楷書款。銅鍍金鏨花蓋。

以紅色透明玻璃胎描繪琺瑯彩紋飾的器物，在故宮藏品中僅此一件。以神話傳說中的八位仙人手持的寶物來代表八仙，稱"暗八仙"。

16

玻璃胎琺瑯彩仕女圖鼻煙壺
清乾隆
高7厘米　腹徑2.6厘米
清宮舊藏

Glass bodied cloisonne enamel snuff bottle with design of a beautiful woman
Qianlong Period, Qing Dynasty
Overall height: 7cm
Diameter of belly: 2.6cm
Qing Court collection

鼻煙壺扁方瓶形，橢圓形圈足。壺體四面作拱形開光，前後兩面繪仕女提籃，兩側面為胭脂色西洋建築風景圖。壺頸部飾蕉葉紋，肩部飾黃色蔓草紋。底署藍色"乾隆年製"楷書款。豆綠色玻璃蓋連象牙匙。

此壺色彩柔和淡雅，在方寸之間準確生動地描繪出仕女的形象和西洋建築，體現了宮廷畫家高超的繪畫技巧和紮實的藝術功底。

玻璃胎琺瑯彩西洋仕女圖鼻煙壺
清乾隆
通高4厘米　腹徑2.8厘米
清宮舊藏

Glass bodied cloisonne enamel snuff bottle with design of an European woman
Qianlong Period, Qing Dynasty
Overall height: 4cm
Diameter of belly: 2.8cm
Qing Court collection

鼻煙壺瓶形，直口，圈足。涅白玻璃胎上施琺瑯彩，壺體四面開光，前後兩面繪西洋少女圖，兩側面繪胭脂粉色西洋建築。底陰刻"乾隆年製" 仿宋款。銅鍍金鏨花蓋連象牙匙。

此壺所繪西洋少女特點突出，儀態端莊，係出自宮廷畫家之手。

18

玻璃胎琺瑯彩西洋仕女圖鼻煙壺
清乾隆
通高4.6厘米　腹徑3.5厘米

Glass bodied cloisonne enamel snuff bottle with design of an European woman
Qianlong Period, Qing Dynasty
Overall height: 4.6cm
Diameter of belly: 3.5cm

鼻煙壺八角扁瓶形，直口，平底。白玻璃胎上繪琺瑯彩，
壺體前後兩面橢圓形開光內繪西洋少女半身像。兩側面繪
十字花紋。底陰刻"乾隆年製"仿宋款。珊瑚蓋連銅鍍金
匙。

此壺圖紋為宮廷畫家摹仿西洋畫法所繪，形式新穎。

19

玻璃胎琺瑯彩桃實圖鼻煙壺
清中期
通高5.3厘米　腹徑3.9厘米
清宮舊藏

Glass bodied cloisonne enamel snuff bottle with peach design
Middle Qing Dynasty
Overall height: 5.3cm
Diameter of belly: 3.9cm
Qing Court collection

鼻煙壺扁瓶形。白玻璃胎上施黃色琺瑯地，壺體繪通景桃
樹一株，枝幹粗壯，枝頭粉紅色桃花盛開，碩大飽滿的桃
實壓彎了樹枝，寓"長壽"之意。碧璽蓋。

此壺以黃色琺瑯為地，較好地襯托出粉紅色的主題花紋。
以此式樣繪製的鼻煙壺，在北京故宮僅藏三件。

20

玻璃胎琺瑯彩荷塘鷺鷥圖鼻煙壺
清中期
通高6.4厘米　腹徑3.5厘米
清宮舊藏

**Glass bodied cloisonne enamel snuff bottle with design of
egret in a lotus pond**
Middle Qing Dynasty
Overall height: 6.4cm
Diameter of belly: 3.5cm
Qing Court collection

鼻煙壺扁瓶形。褐玻璃胎上繪琺瑯彩。壺體兩面繪荷塘
鷺鷥圖，塘中荷花盛開，荷葉舒展，一隻鷺鷥立於水
中，寓意"一路榮華"。綠色玻璃蓋連象牙匙。

玻璃胎琺瑯彩鼻煙壺多為白玻璃胎，而此壺以褐玻璃為
胎，故其紋飾不甚明顯。

21

玻璃胎琺瑯彩四季花紋瓜形鼻煙壺
清嘉慶
通高3.9厘米　腹徑4.7厘米
清宮舊藏

**Glass bodied cloisonne enamel snuff bottle in the shape of a
melon with floral design**
Jiaqing Period, Qing Dynasty
Overall height: 3.9cm
Diameter of belly: 4.7cm
Qing Court collection

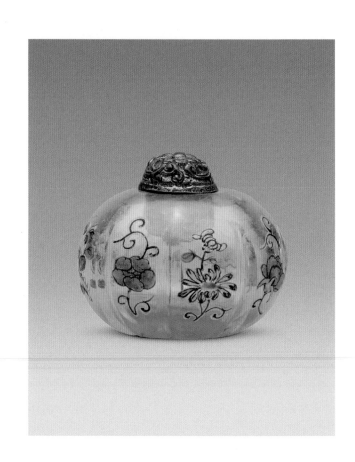

鼻煙壺南瓜形。透明玻璃胎上繪琺瑯彩。每個瓜棱上繪
一朵折枝花卉，有菊花、牽牛花、蓮花、桂花、梅花等
四季花卉。銅鍍金鏨花蓋連象牙匙。

此壺內保留有黃籤一張，上書"嘉慶五年（1800）三月初
一日收玻璃鼻煙壺一個"，為當年宮中點收物品時的墨
迹，彌足珍貴。

玻璃胎琺瑯彩花鳥圖鼻煙壺
清晚期
高6.1厘米　腹徑5.5厘米
清宮舊藏

Glass bodied cloisonne enamel snuff bottle with bird-and-flower
design
Late Qing Dynasty
Height: 6.1cm
Diameter of belly: 5.5cm
Qing Court collection

鼻煙壺扁瓶形，平底。白玻璃胎上繪琺瑯彩。壺體一面繪
蘭花、野菊和蝴蝶，象徵春色；另一面繪月季花、菊花和
綬帶鳥，象徵秋色，寓"春秋長壽"之意。兩側面及口沿下
繪纏枝寶相花紋。底署"古月軒"楷書款。

"古月軒"款的鼻煙壺均為晚清或民國時期的製品。

23

玻璃胎琺瑯彩蘭菊圖鼻煙壺
清晚期
高5.5厘米　腹徑5.1厘米
清宮舊藏

Glass bodied cloisonne enamel snuff bottle with design of chrysanthemum and orchid
Late Qing Dynasty
Height: 5.5cm
Diameter of belly: 5.1cm
Qing Court collection

鼻煙壺扁瓶形，橢圓形平底。天藍玻璃胎上繪墨彩。一面以雙鈎法繪春蘭、秋菊和壽石，另一面光素。蘭花和菊花被認為是花中"君子"，多寓意清雅高潔，菊花和壽石又含有"長壽"的寓意。底署紅色"古月軒"楷書款。

24

玻璃胎琺瑯彩老人圖鼻煙壺
清晚期
通高6.7厘米　腹徑5厘米

Glass bodied cloisonne enamel snuff bottle with design of an old man
Late Qing Dynasty
Overall height: 6.7cm
Diameter of belly: 5cm

鼻煙壺扁瓶形，橢圓形圈足。白玻璃胎上繪琺瑯彩。壺體兩面均繪一耄耋老人倚書而坐，白眉低垂，裸肩露胸，筋骨畢現，一旁置棋盒、龍杖。底署藍色"乾隆年製"楷書仿款。翠嵌碧璽蓋連象牙匙。

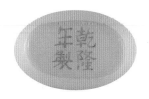

25

白套藍玻璃竹鵲圖鼻煙壺
清乾隆
通高5.6厘米　腹徑3.8厘米
清宮舊藏

**Glass snuff bottle with blue overlay of magpie and bamboo
design over a white ground**
Qianlong Period, Qing Dynasty
Overall height: 5.6cm
Diameter of belly: 3.8cm
Qing Court collection

鼻煙壺扁瓶形，以涅白色玻璃為胎。壺體前後兩面作圓形
開光，內嵌染牙竹鵲圖紋，兩隻喜鵲一在空中飛舞，一棲
息於翠竹之上，生動逼真。開光外罩無色透明玻璃。兩側
肩部飾藍色獸面啣環耳。底陰刻"乾隆年製"楷書款。

此壺集套玻璃與鑲嵌兩種工藝於一身，是一種獨特的玻璃
器裝飾藝術。

26

白套紅玻璃花卉紋鼻煙壺
清乾隆
通高5.9厘米　腹徑2.3厘米
清宮舊藏

Glass snuff bottle with pink overlay of floral design over a white ground
Qianlong Period, Qing Dynasty
Overall height: 5.9cm
Diameter of belly: 2.3cm
Qing Court collection

鼻煙壺圓長瓶形，圓形圈足。白地套深粉紅色玻璃，通體
飾天竺、菊花、月季花、靈芝等花卉，幾隻蝙蝠飛舞於花
叢中，寓"福壽延年"之意。底陰刻"乾隆年製"款。銅鍍金
鏨花蓋連象牙匙。

27

白套紅玻璃花卉紋鼻煙壺
清乾隆
通高5.2厘米　腹徑3.8厘米
清宮舊藏

**Glass snuff bottle with orange overlay of floral design over a
white ground**
Qianlong Period, Qing Dynasty
Overall height: 5.2cm
Diameter of belly: 3.8cm
Qing Court collection

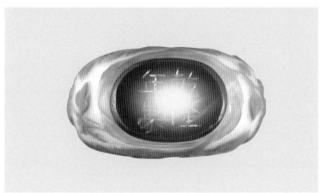

鼻煙壺扁瓶形，平底。白地套粉紅色玻璃，壺體一面飾菊
花，另一面飾海棠花，兩隻蜜蜂在花叢中飛舞。底陰刻
"乾隆年製"款。銅鍍金鏨花蓋連象牙匙。

紅套藍玻璃芝仙紋鼻煙壺
清乾隆
通高5.4厘米　腹徑4厘米
清宮舊藏

**Glass snuff bottle with sky-blue overlay of floral design over a
kidney-bean red ground**
Qianlong Period, Qing Dynasty
Overall height: 5.4cm
Diameter of belly: 4cm
Qing Court collection

鼻煙壺扁瓶形，平底。豇豆紅地套天藍色玻璃，一面飾水
仙花，另一面飾竹、靈芝及飛舞的蝙蝠，寓"芝仙祝壽"之
意。底陰刻"乾隆年製"款。銅鍍金鏨花蓋連象牙匙。

此壺的顏色搭配比較特殊，為宮廷造辦處玻璃廠所製。

29

白套紅玻璃花草袱繫紋鼻煙壺
清乾隆
通高5.7厘米　腹徑2.6厘米
清宮舊藏

Glass snuff bottle with red overlay of brocade buckle and floral design over a white ground
Qianlong Period, Qing Dynasty
Overall height: 5.7cm
Diameter of belly: 2.6cm
Qing Court collection

鼻煙壺圓瓶形，圓平底。白地套紅色玻璃，壺體環飾袱繫紋，幾隻蜜蜂和花草枝葉點綴其間。底陰刻"乾隆年製"款。

此壺為宮廷造辦處玻璃廠所製。

30

白套粉紅色玻璃螭紋鼻煙壺
清乾隆
通高5.5厘米　腹徑3.8厘米
清宮舊藏

Glass snuff bottle with pink overlay of hydra design over a white ground
Qianlong Period, Qing Dynasty
Overall height: 5.5cm
Diameter of belly: 3.8cm
Qing Court collection

鼻煙壺扁瓶形，平底。白地套粉紅色玻璃上飾一螭環繞壺體。壺底陰刻"乾隆年製"楷書款。銅鍍金鏨花蓋連象牙匙。

此鼻煙壺為宮廷造辦處玻璃廠所製，其造型、紋飾均為典型的御製品。

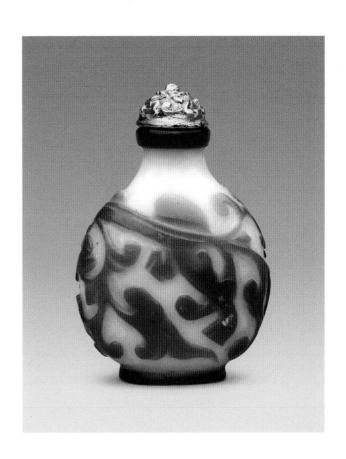

31

藍套紅玻璃袱繫紋鼻煙壺
清乾隆
通高4.6厘米　腹徑2.3厘米
清宮舊藏

Glass snuff bottle with kidney-bean red overlay of brocade buckle design over a blue ground
Qianlong Period, Qing Dynasty
Overall height: 4.6cm
Diameter of belly: 2.3cm
Qing Court collection

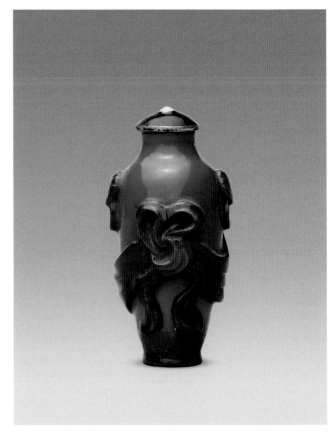

鼻煙壺瓶形，圈足。藍地套豇豆紅色玻璃，壺體環飾袱繫紋，正中打成蝴蝶結，兩側肩部飾獸面啣環耳。底陰刻"乾隆年製"款。銅燒藍蓋連象牙匙。

此壺配有絲製包裝套，頗為珍貴。

32

白套綠玻璃梅花圖鼻煙壺
清乾隆
通高5.8厘米　腹徑4.4厘米
清宮舊藏

Glass snuff bottle with green overlay of plum blossom design over a white ground
Qianlong Period, Qing Dynasty
Overall height: 5.8cm
Diameter of belly: 4.4cm
Qing Court collection

鼻煙壺扁瓶形，平底。通體白地套綠色玻璃，腹部飾梅
花圖，兩朵梅花相互疊壓開放於枝頭，梅枝彎曲伸展，
蒼勁有力。壺底陰刻"乾隆年製"楷書款。銅鍍金鏨花
蓋。

33

白套藍玻璃袱繫紋鼻煙壺
清乾隆
通高4.8厘米　腹徑2.4厘米
清宮舊藏

Glass snuff bottle with blue overlay of brocade buckle design over a white ground
Qianlong Period, Qing Dynasty
Overall height: 4.8cm
Diameter of belly: 2.4cm
Qing Court collection

鼻煙壺瓶形，平底。通體白地套藍玻璃，腹部飾袱繫紋
及海棠花、竹子等吉祥紋飾。壺底陰刻"乾隆年製"楷書
款。珊瑚蓋。

此鼻煙壺為乾隆時期宮廷造辦處製作的標準器之一。

34

白套粉色玻璃竹蝶水仙圖鼻煙壺
清乾隆
通高4.9厘米　腹徑2.8厘米
清宮舊藏

Glass snuff bottle with pink overlay of bamboo, butterfly and
narcissus design over a white ground
Qianlong Period, Qing Dynasty
Overall height: 4.9cm
Diameter of belly: 2.8cm
Qing Court collection

鼻煙壺瓶形，平底。通體白地套粉色玻璃，一面飾竹蝶
圖，幾隻蝴蝶盤旋飛舞於竹枝上方，另一面飾水仙花。壺
底陰刻"乾隆年製"楷書款。珊瑚嵌珍珠蓋。

此鼻煙壺為宮廷造辦處玻璃廠所製，由於採用的是滿套的
方法，故鼻煙壺有比較明顯的凹凸感。

35

綠套藍玻璃花卉紋鼻煙壺
清乾隆
通高5.7厘米　腹徑4厘米
清宮舊藏

**Glass snuff bottle with blue overlay of floral design over a
green ground**
Qianlong Period, Qing Dynasty
Height: 5.7cm
Diameter of belly: 4cm
Qing Court collection

鼻煙壺扁瓶形，平底。綠地套藍色玻璃，壺體飾菊花和
海棠花，寓意"長壽富貴"。底陰刻"乾隆年製"款。銅鍍
金鏨花蓋連象牙匙。

此壺為宮廷造辦處玻璃廠所製。綠、藍兩色玻璃相套，
在乾隆時期製品中不多見。

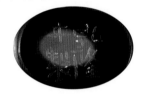

36

白套紅玻璃雲蝠紋鼻煙壺
清乾隆
通高5.3厘米　腹徑3.8厘米
清宮舊藏

**Glass snuff bottle with red overlay of clouds and bats design
over a white ground**
Qianlong Period, Qing Dynasty
Overall height: 5.3cm
Diameter of belly: 3.8cm
Qing Court collection

鼻煙壺扁瓶形，肩口，橢圓形圈足。白地套紅色玻璃，
壺體飾通景雲蝠紋，數隻紅色蝙蝠在紅色雲紋襯托下盤
旋飛舞，寓"洪福"之意。底陰刻"乾隆年製"款。銅鍍金
鏨花蓋。

37

白套紅玻璃龍鳳紋鼻煙壺
清乾隆
通高4.8厘米　腹徑3.2厘米
清宮舊藏

Glass snuff bottle with pink overlay of dragon and phoenix design over a white ground
Qianlong Period, Qing Dynasty
Overall height: 4.8cm
Diameter of belly: 3.2cm
Qing Court collection

鼻煙壺扁瓶形，橢圓形圈足。白地套粉紅色玻璃，一面飾
夔龍紋，另一面飾夔鳳紋，寓意"龍鳳呈祥"。底陰刻"乾
隆年製"款。銅鍍金鏨花蓋連象牙匙。

此壺的造型、紋飾具有典型的宮廷藝術風格，為宮廷造辦
處玻璃廠所製御用品。

38

白套紅玻璃仙閣圖鼻煙壺
清乾隆
通高5.8厘米　腹徑4厘米
清宮舊藏

Glass snuff bottle with red overlay of the immortals' palace design over a white ground
Qianlong Period, Qing Dynasty
Overall height: 5.8cm
Diameter of belly: 4cm
Qing Court collection

鼻煙壺扁瓶形，白地套紅色玻璃。壺
體通景飾"海屋添籌"及"萬福來朝"
圖，圖中浪花托起一仙閣，周圍有蝙
蝠及"卍"字，一隻仙鶴唧籌而至。
"海屋添籌"寓"添壽"之意，傳說海中
有一樓，樓內有一瓶，瓶內儲有世間
人們的壽數，如令仙鶴唧一籌添入瓶
中，便可多活百年。底陰刻"乾隆年
製"楷書款。銅鍍金鏨花蓋連象牙
匙。

39

白套藍玻璃螭蝠紋鼻煙壺
清乾隆
高5.1厘米　腹徑4.3厘米
清宮舊藏

Glass snuff bottle with blue overlay of hydra and bat design over a white ground
Qianlong Period, Qing Dynasty
Height: 5.1cm
Diameter of belly: 4.3cm
Qing Court collection

鼻煙壺扁瓶形，平底。白地套藍色玻璃，上飾一螭虎環
繞，螭首上方有一隻蝙蝠，螭為傳說中的異獸，蝠諧音
"福"，寓意吉祥。底陰刻"乾隆年製"款。

40

藍套寶藍玻璃螭紋葫蘆形鼻煙壺
清乾隆
通高6.3厘米　腹徑2.8厘米
清宮舊藏

Glass snuff bottle in the shape of double-gourd with sapphire
blue overlay of hydra design over a blue ground
Qianlong Period, Qing Dynasty
Overall height: 6.3cm
Diameter of belly: 2.8cm
Qing Court collection

鼻煙壺葫蘆形，脣口，束腰，平底。天藍地套寶藍色玻
璃，上下壺體分別飾一條盤繞的螭紋。底陰刻"乾隆年
製"款。銅鍍金鏨花蓋連象牙匙。

此壺為宮廷造辦處玻璃廠製品，色彩典雅莊重。

41

白套藍玻璃團壽字鼻煙壺
清中期
高6.2厘米　腹徑3.3厘米

Glass snuff bottle with blue overlay of round character "Shou"
(longevity) over a white ground
Middle Qing Dynasty
Height: 6.2cm
Diameter of belly: 3.3cm

鼻煙壺瓶形，敞口，束頸。白地套藍色玻璃，壺體兩面
以三組迴紋作開光，開光內為團壽字，寓意吉祥。肩部
及近足處為裝飾性幾何紋樣。

42

白套藍玻璃幾何紋鼻煙壺
清中期
高5.5厘米　腹徑4.6厘米
清宮舊藏

Glass snuff bottle with blue overlay of geometric design over a white ground
Middle Qing Dynasty
Height: 5.5cm
Diameter of belly: 4.6cm
Qing Court collection

鼻煙壺扁瓶形，平底。白地套藍色玻璃，壺體兩面圓形開光內飾三角形幾何紋。兩側肩部飾獸面啣環耳。

此壺配色雅致，紋飾簡潔，頗有新意。

43

白套紅玻璃夔龍紋鼻煙壺
清中期
通高6.2厘米　腹徑4.4厘米

Glass snuff bottle with pink overlay of kui-dragon design over a white ground
Middle Qing Dynasty
Overall height: 6.2cm
Diameter of belly: 4.4cm

鼻煙壺扁瓶形，平底。白地套粉紅色玻璃，壺體兩面飾雙夔龍紋。兩側肩部飾獸面啣環耳。黃玻璃蓋。

44

白套藍玻璃歲寒三友圖鼻煙壺
清中期
通高7.9厘米　腹徑2.8厘米

Glass snuff bottle with blue overlay of
pine-bamboo-prunus design over a white
ground
Middle Qing Dynasty
Overall height: 7.9cm
Diameter of belly: 2.8cm

鼻煙壺扁瓶形。白套寶藍色玻璃。腹
部一面以松樹盤繞成"壽"字形，另一
面飾梅、竹紋飾，組成松竹梅"歲寒
三友"圖，有長壽之寓意。紅珊瑚嵌
珍珠蓋連象牙匙。

此鼻煙壺玻璃色澤純美，白如玉，藍
若寶石，是套色玻璃製品中的佳作。

45

珍珠地套紅玻璃三陽開泰圖鼻煙壺
清中期
通高7厘米　腹徑5.2厘米

Glass snuff bottle with red overlay of three rams design over a
white ground
Middle Qing Dynasty
Overall height: 7cm
Diameter of belly: 5.2cm

鼻煙壺扁瓶形。白色半透明珍珠地套紅色玻璃，壺體通
景飾"三陽開泰"圖，繪有回首張望的羊及紅日。羊與
"陽"諧音，《易經》卦相中泰卦是"三陽卦"之一，代表吉
祥平安。三羊寓"三陽開泰"之意，是清代吉祥紋樣中常
見的題材。瑪瑙蓋連竹匙。

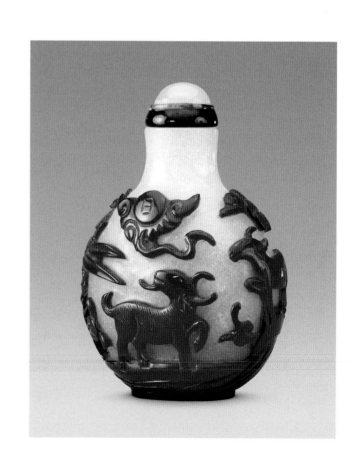

46

白套紅玻璃暗八仙紋鼻煙壺
清中期
通高6.8厘米　腹徑3厘米
清宮舊藏

Glass snuff bottle with pink overlay of emblems of the Eight Immortals design over a white ground
Middle Qing Dynasty
Overall height: 6.8cm
Diameter of belly: 3cm
Qing Court collection

鼻煙壺瓶形，平底。白地套粉紅色玻璃，肩部飾如意雲
紋，下垂瓔珞紋，壺體環飾暗八仙紋中的扇子、笛子、
玉版和花籃。暗合八仙中漢鐘離、韓湘子、曹國舅、藍
采和所持法器，為祝頌"長壽"之意。銅鍍金鏨花蓋連象
牙匙。

47

白套綠玻璃花卉紋鼻煙壺
清中期
高5.8厘米　腹徑4.7厘米
清宮舊藏

Glass snuff bottle with green overlay of begonia design over a white ground
Middle Qing Dynasty
Height: 5.8cm
Diameter of belly: 4.7cm
Qing Court collection

鼻煙壺扁瓶形，平底。白地套綠色玻
璃，壺體一面為月季花，另一面為海
棠花，幾隻蜜蜂、蝙蝠點綴其間，
花、葉上陰刻葉脈紋理，效果逼真，
紋飾寓意吉祥。

48

黑套紅玻璃茶花紋鼻煙壺
清中期
通高4.7厘米　腹徑3.5厘米
清宮舊藏

Glass snuff bottle with kidney-bean red overlay of camellia
design over a black ground
Middle Qing Dynasty
Overall height: 4.7cm
Diameter of belly: 3.5cm
Qing Court collection

鼻煙壺扁瓶形。黑地套豇豆紅色玻璃，壺體一面飾太湖
石、海棠花，另一面飾太湖石、茶花，寓意"富貴長壽"。
紅玻璃蓋連竹匙。

套玻璃工藝以白套紅或套藍為主流，黑地套紅玻璃者不多
見，此壺堪稱獨樹一幟。

49

白套紅玻璃纏枝花紋鼻煙壺
清中期
通高8厘米　腹徑3.3厘米

Glass snuff bottle with red ovelay of interlocking flowers
design over a white ground
Middle Qing Dynasty
Overall height: 8cm
Diameter of belly: 3.3cm

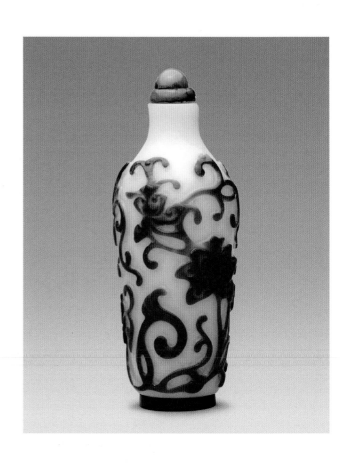

鼻煙壺長瓶形，平底。白地套紅色玻璃。通體飾纏枝花
紋，因其結構連綿不斷，故寓"生生不息"之意。綠玻璃
嵌珊瑚蓋。

纏枝紋又名"萬壽藤"，常將其與花卉、人物、鳥獸紋組
合成紋樣，寓意吉祥。

50

白套紅玻璃三多紋鼻煙壺
清中期
通高7.8厘米　腹徑5.6厘米

Glass snuff bottle with red overlay of the Three Abundances: citrus, peach and pomegranate design over a white ground
Middle Qing Dynasty
Overall height: 7.8cm
Diameter of belly: 5.6cm

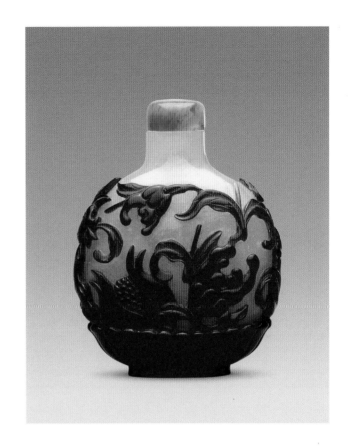

鼻煙壺扁瓶形，圈足。半透明白地套紅色玻璃紋飾。壺體通景飾三多紋，聚寶盆內有佛手、石榴、靈芝、蓮蓬和柿子等果品，由於佛與"福"諧音，石榴、蓮蓬多子，靈芝為可延年益壽的仙草，故此紋飾組合寓意為"多福、多子、多壽"。

51

白套紅玻璃螭紋鼻煙壺
清中期
通高7.1厘米　腹徑4.9厘米

Glass snuff bottle with red overlay of hydra design over a white ground
Middle Qing Dynasty
Overall height: 7.1cm
Diameter of belly: 4.9cm

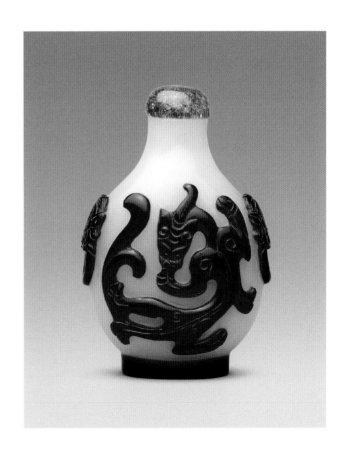

鼻煙壺扁瓶形。乳白色半透明套紅色玻璃。腹部兩面紋飾相同，均為一條團螭，壺體兩側飾獸面啣環耳。碧璽蓋連象牙匙。

52

透明地套紅玻璃牧牛圖鼻煙壺
清中期
通高6厘米　腹徑4.7厘米

Glass snuff bottle with red overlay of
herdsman of oxes design over a
transparent pearl ground
Middle Qing Dynasty
Overall height: 6cm
Diameter of belly: 4.7cm

鼻煙壺扁瓶形，圈足。透明地套紅色
玻璃。壺體一面為《牧牛圖》，飾一牧
童坐在牛背上吹笛；另一面飾一回首
仰望的梅花鹿與一隻口啣靈芝飛來的
仙鶴，鹿與"六"諧音，鶴與"合"諧
音，寓意"六合同春"。粉色玻璃蓋連
象牙匙。

53

白套紅玻璃壽星圖鼻煙壺
清中期
通高6.8厘米　腹徑4.9厘米

Glass snuff bottle with red overlay of the
god of longevity design over a white
ground
Middle Qing Dynasty
Overall height: 6.8cm
Diameter of belly: 4.9cm

鼻煙壺扁瓶形，平底。白地套紅色玻
璃。壺體一面飾壽星、梅花鹿和蝙
蝠，鹿與"祿"諧音，蝠與"福"諧音，
寓意"福、祿、壽"；另一面飾松樹、
仙鶴和靈芝紋，寓意"松鶴延年"。

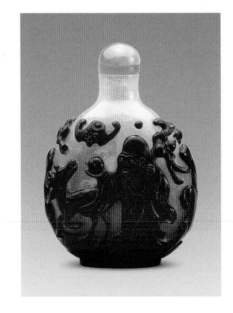

54

珍珠地套紅玻璃龍紋鼻煙壺
清中期
通高5.8厘米　腹徑4.4厘米

**Glass snuff bottle with red overlay of
dragon design over a transparent pearl
ground**
Middle Qing Dynasty
Overall height: 5.8cm
Diameter of belly: 4.4cm

鼻煙壺扁瓶形，圈足。透明珍珠地套
紅色玻璃。壺體一面飾龍紋，龍昂首
張口，盤旋飛舞，另一面為圓形開
光，內飾"雲行雨施　萬國咸寧"篆書
字。兩側肩部飾獸面啣環耳。

55

白套紅玻璃福祿萬代圖鼻煙壺
清中期
通高6.6厘米　腹徑4.8厘米
清宮舊藏

**Glass snuff bottle with red overlay of double-gourd design
over a white ground**
Middle Qing Dynasty
Overall height: 6.6cm
Diameter of belly: 4.8cm
Qing Court collection

鼻煙壺扁瓶形，平底。通體白色半透明珍珠地套紅色玻
璃。腹部飾一葫蘆掛於藤蔓之上，葫蘆周圍襯以葫蘆花
葉及太湖石，組成葫蘆勾藤圖紋，寓意"福祿萬代"。碧
璽蓋。

此鼻煙壺所套的紅色玻璃質地較好，溫潤而有光澤。

56

珍珠地套粉紅玻璃鳳紋鼻煙壺
清中期
通高6.1厘米　腹徑4.5厘米

Glass snuff bottle with pink overlay of phoenix design over a pearl ground
Middle Qing Dynasty
Overall height: 6.1cm
Diameter of belly: 4.5cm

鼻煙壺扁瓶形，平底。通體無色透明珍珠地套粉紅色玻璃。壺體兩面紋飾相同，皆為一隻飛舞的鳳，鳳上部飾荷花、雲朵、太陽等紋樣，寓"丹鳳朝陽"之意。珊瑚蓋連竹匙。

57

白套藍玻璃龍戲珠紋鼻煙壺
清中期
通高6.9厘米　腹徑5厘米

Glass snuff bottle with blue overlay of design of dragons playing with a pearl over a white ground
Middle Qing Dynasty
Overall height: 6.9cm
Diameter of belly: 5cm

鼻煙壺扁瓶形。白地套藍色玻璃。壺體通景飾"二龍戲珠"紋，一條龍輾轉騰躍於翻滾的水面上，另一條龍頭部露出水面，身體潛入水中，正在相互追逐戲珠。綠松石蓋連竹匙。

58

紅套黃玻璃螭紋鼻煙壺
清中期
高6.6厘米　腹徑3.2厘米
清宮舊藏

**Glass snuff bottle with yellow overlay of hydra design over a
red ground**
Middle Qing Dynasty
Height: 6.6cm
Diameter of belly: 3.2cm
Qing Court collection

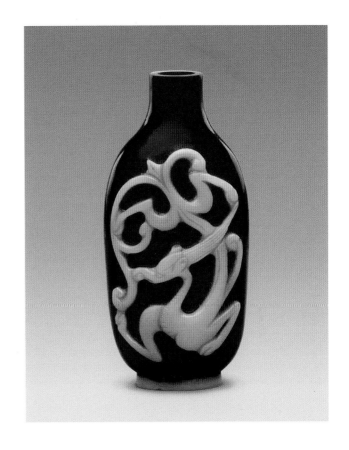

鼻煙壺扁瓶形。紅色半透明地套黃色玻璃。壺體兩面均
飾黃色團螭紋。

此壺紋飾雕刻流暢，形象生動，色彩鮮明。

59

白套藍玻璃鸚鵡圖鼻煙壺
清中期
通高6.2厘米　腹徑4.7厘米
清宮舊藏

**Glass snuff bottle with blue overlay of
parrot design over a white ground**
Middle Qing Dynasty
Overall height: 6.2cm
Diameter of belly: 4.7cm
Qing Court collection

鼻煙壺扁瓶形，橢圓形圈足。半透明
白地套藍色玻璃。壺體兩面飾鸚鵡
圖，一面表現鸚鵡棲息於鳥架上，另
一面表現鸚鵡在鳥架上嬉戲，旁有一
蝶飛舞。兩側飾獸面啣環耳。碧璽蓋
連象牙匙。

此壺玻璃質地溫潤，雕工精緻，應是
乾隆時期的作品。

 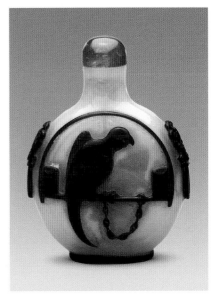

60

藍套藍玻璃豆莢螳螂圖鼻煙壺
清中期
通高7.1厘米　腹徑4厘米

**Glass snuff bottle with blue overlay of carved design of pods
and mantises over a dark blue ground**
Middle Qing Dynasty
Overall height: 7.1cm
Diameter of belly: 4cm

鼻煙壺扁瓶形。深藍地套藍色玻璃刻花紋飾。壺體鏤空雕
刻一架扁豆，一隻螳螂輕落在豆莢上，似欲覓食。藍玻璃
蓋連竹匙。

此壺紋飾採用鏤雕工藝製成，且器型較扁，只能平放，不
能直立，在同類鼻煙壺中比較特殊。

61

白套綠玻璃苦瓜形鼻煙壺
清中期
通高5.8厘米　腹徑3.3厘米

**Glass snuff bottle in the shape of a melon with green overlay
over a white ground**
Middle Qing Dynasty
Overall height: 5.8cm
Diameter of belly: 3.3cm

鼻煙壺苦瓜形。白色壺體上飾纏繞一周的綠色瓜蔓，並
有大小不一的黃色凸起斑點，仿佛苦瓜的表面，十分生
動。綠玻璃蓋連象牙匙。

62

褐套綠玻璃桃形鼻煙壺
清中期
通高5.3厘米　腹徑3.7厘米
清宮舊藏

**Glass snuff bottle in the shape of a peach with green overlay
over a brownish red ground**
Middle Qing Dynasty
Overall height: 5.3cm
Diameter of belly: 3.7cm
Qing Court collection

鼻煙壺桃形。通體褐紅色玻璃為桃實，壺口部套綠色透
明玻璃，作成桃葉狀，覆於桃實上，造型生動。綠玻璃
蓋連象牙匙。

以桃為題材的吉祥圖紋有很多，桃實俗稱"仙桃"、"壽
桃"，傳說食之可以延年益壽，故多以其形象寓意"長
壽"。

63

黃套綠玻璃豆莢蟈蟈圖鼻煙壺
清中期
通高5.4厘米　腹徑4厘米
清宮舊藏

**Glass snuff bottle with green overlay of pods and katydids
design over a yellow ground**
Middle Qing Dynasty
Overall height: 5.4cm
Diameter of belly: 4cm
Qing Court collection

鼻煙壺扁瓶形，直口，平底。黃地套綠色玻璃。壺體通景
飾豆莢蟈蟈，豆秧的兩條細蔓分別伸向壺體的兩側，其上
結出數個扁長的豆角，一隻蟈蟈落於豆莢上，作欲食狀，
極為生動逼真。粉紅色碧璽蓋連象牙匙。

64

白套紅玻璃二甲傳臚圖鼻煙壺
清中期
高4.2厘米　腹徑3.5厘米
清宮舊藏

Glass snuff bottle with kidney-bean red overlay of two crabs
design over a white ground
Middle Qing Dynasty
Height: 4.2cm
Diameter of belly: 3.5cm
Qing Court collection

鼻煙壺扁瓶形。白地套豇豆紅色玻璃，壺體兩面均飾螃
蟹一隻，古時科舉甲科及第者，其名用黃紙書寫，附於
卷末，稱"黃甲"，世人又稱二甲第一名為"傳臚"，故以
此紋飾代表"黃甲傳臚"或"二甲傳臚"，寓"科舉及第"之
意。

此壺圖紋惟妙惟肖，生動有趣。

65

白套紅玻璃魚形鼻煙壺
清乾隆
長7.5厘米
清宮舊藏

Glass snuff bottle in the shape of a fish with red overlay over
a white ground
Qianlong Period, Qing Dynasty
Length: 7.5cm
Qing Court collection

鼻煙壺魚形，尾端翹起，以魚嘴為壺口。半透明乳白地
套紅色玻璃。魚身為白色，魚頭、魚鰭、魚尾皆紅色，
周身細刻鱗紋，壺體正中陰刻"乾隆年製"楷書款。

此壺構思新穎、造型獨特，工藝精湛，為乾隆款玻璃鼻
煙壺中所僅見。

66

白套藍玻璃魚形鼻煙壺
清中期
長7.8厘米
清宮舊藏

Glass snuff bottle in the shape of a fish with blue overlay over a white ground
Middle Qing Dynasty
Length: 7.8cm
Qing Court collection

鼻煙壺魚形，尾端略翹起，以魚嘴為壺口。白地套藍色
玻璃。魚身為白色，魚頭、魚鰭、魚尾皆藍色，魚身陰
刻鱗紋。

67

綠套藍玻璃螭紋鼻煙壺
清中期
通高6.4厘米　腹徑4.6厘米
清宮舊藏

Glass snuff bottle with blue overlay of hydra design over a green ground
Middle Qing Dynasty
Overall height: 6.4cm
Diameter of belly: 4.6cm
Qing Court collection

鼻煙壺扁瓶形，平底。通體綠套寶藍色玻璃，腹部兩面
各以一條翻轉飛舞的螭為紋飾。壺體兩側為獸面啣圓環
耳。銅蓋。

68

透明地套紅玻璃螭紋鼻煙壺
清中期
高5.6厘米　腹徑4.7厘米

Glass snuff bottle with red overlay of hydra design over a transparent ground
Middle Qing Dynasty
Height: 5.6cm
Diameter of belly: 4.7cm

鼻煙壺扁瓶形，平底。通體透明地套紅色玻璃，腹部兩面飾團螭紋。

69

透明地套紫玻璃魚紋鼻煙壺
清中期
通高5.4厘米　腹徑3.5厘米
清宮舊藏

Glass snuff bottle with purple overlay of fish design over a transparent ground
Middle Qing Dynasty
Overall height: 5.4cm
Diameter of belly: 3.5cm
Qing Court collection

鼻煙壺扁瓶形。透明地套紫色玻璃。壺體兩面均飾鯉魚一條，如在清澈透明的水中游弋。兩側為獸面啣環耳。藍玻璃蓋連象牙匙。

此壺以透明玻璃作為套玻璃底色，在清中期的鼻煙壺工藝中較有新意。

70

藍套雙色玻璃蔬果圖鼻煙壺
清中期
通高5.1厘米　腹徑3.4厘米
清宮舊藏

Glass snuff bottle with two-coloured
overlay of vegetable design over a blue
ground
Middle Qing Dynasty
Overall height: 5.1cm
Diameter of belly: 3.4cm
Qing Court collection

鼻煙壺扁瓶形。半透明寶藍地套紅、
綠雙色玻璃。壺體一面為苦瓜,另一
面為辣椒,枝蔓伸展,姿態生動自
然。

此壺的製作工藝如同漆器中的剔彩,
採用分層施色的方法進行製作,立體
感較強。

 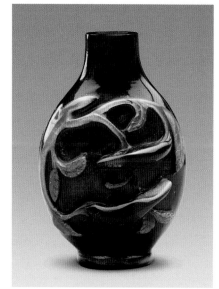

71

褐套雙色玻璃梅花紋鼻煙壺
清中期
通高4.6厘米　腹徑2.5厘米
清宮舊藏

Glass snuff bottle with two-coloured overlay of plum blossom
design over a brown ground
Middle Qing Dynasty
Overall height: 4.6cm
Diameter of belly: 2.5cm
Qing Court collection

鼻煙壺瓶形。褐色地套白、綠雙色玻璃。壺體兩面均飾
折枝梅花,綠幹白花,分外嬌艷。翡翠蓋連銅鍍金匙。

此壺所飾花紋採取分層的方法,近似於雕漆中的剔彩工
藝,隨類賦色,層次清晰。

72

透明地套雙色玻璃博古圖鼻煙壺
清中期
高5.8厘米　腹徑3.3厘米
清宮舊藏

Glass snuff bottle with two-coloured overlay of antiques design over a transparent ground
Middle Qing Dynasty
Height: 5.8cm
Diameter of belly: 3.3cm
Qing Court collection

鼻煙壺瓶形，平底。透明地套紅、綠雙色玻璃，壺體以
銅爵、聚寶盆、各式花卉等內容組成博古圖，寓意清雅
高潔。兩側為獸面啣圓環耳。無蓋，壺內有象牙匙。

73

白套多色玻璃博古圖鼻煙壺
清中期
通高6.7厘米　腹徑4.7厘米
清宮舊藏

Glass snuff bottle with polychrome overlay of antiques design over a white ground
Middle Qing Dynasty
Overall height: 6.7cm
Diameter of belly: 4.7cm
Qing Court collection

鼻煙壺扁瓶形，圈足。白地套紅、藍、黃和湖藍色玻
璃，壺體飾以博古圖，有筆筒、如意、聚寶盆、仿古
磬、琮式瓶等文具古玩，寓意清雅高潔。珊瑚蓋。

74

藕粉地套紅玻璃出脊鼻煙壺
清中期
通高6.6厘米　腹徑3.6厘米
清宮舊藏

Glass snuff bottle with flanges and red overlay over a pale
pinkish grey ground
Middle Qing Dynasty
Overall height: 6.6cm
Diameter of belly: 3.6cm
Qing Court collection

鼻煙壺扁瓶形。藕粉地套紅色玻璃，壺體兩面為套紅瓜
形，兩側有套紅竹節式出脊。紅珊瑚蓋。

此壺紋飾簡約別致，套色協調柔美。

75

珍珠地套紅玻璃刻詩句出脊鼻煙壺
清中期
通高7.5厘米　腹徑3.1厘米
清宮舊藏

Glass snuff bottle with flanges and red
overlay of carved verses over a pearl
ground
Middle Qing Dynasty
Overall height: 7.5cm
Diameter of belly: 3.1cm
Qing Court collection

鼻煙壺扁瓶形，平底。透明珍珠地套
紅色玻璃，壺體兩面為長方形紅色玻
璃，一面陰刻"明月松間照"詩句，另
一面陰刻滿文。兩側面有竹節式出
脊。

76

玻璃五彩鼻煙壺
清中期
通高6厘米　腹徑3.7厘米
清宮舊藏

Polychrome glass snuff bottle
Middle Qing Dynasty
Overall height: 6cm
Diameter of belly: 3.7cm
Qing Court collection

鼻煙壺扁瓶形，扁圓腹。通體由紅、黃、藍、綠、白五
色玻璃組成不規則的形狀。綠玻璃蓋連象牙匙。

此鼻煙壺製作工藝獨特，玻璃質地細滑，裝飾極具特
色。

77

粉地套黑色玻璃雙螭紋鼻煙壺
清晚期
高6.5厘米　腹徑3.5厘米

**Glass snuff bottle with black overlay of double-hydra design
over a pink ground**
Late Qing Dynasty
Height: 6.5cm
Diameter of belly: 3.5cm

鼻煙壺瓶形，圈足。通體粉色地套黑色玻璃。壺體飾雙
螭啣靈芝紋。螭為異獸，獸與"壽"同音，靈芝為仙草，
此類紋飾寓意"芝仙祝壽"。

此鼻煙壺的雕工一般，特點不突出，其紋飾為宮廷常用
的吉祥題材。

78

白套黑玻璃龍紋鼻煙壺
清晚期
通高7.3厘米　腹徑5.8厘米

Glass snuff bottle with black overlay of dragons design over a
white ground
Late Qing Dynasty
Overall height: 7.3cm
Diameter of belly: 5.8cm

鼻煙壺扁瓶形，矮圈足。白地套黑色玻璃。壺體紋飾為
一大一小兩條龍上下盤繞飛舞，寓"蒼龍教子"之意。黑
玻璃嵌珊瑚蓋。

套玻璃製品中套黑色者比較少見。此壺的雕工和刻畫的
龍紋，均具清晚期特點。

79

白套醬色玻璃蝙蝠紋鼻煙壺
清晚期
通高7.2厘米　腹徑5.6厘米

Glass snuff bottle with dark reddish brown overlay of twelve
bats design over a white ground
Late Qing Dynasty
Overall height: 7.2cm
Diameter of belly: 5.6cm

鼻煙壺扁瓶形，平底。白地套醬色玻璃，壺體以十二隻
蝙蝠為紋飾，恰合六六之吉數，且蝠與"福"同音，當時
工藝品多以蝙蝠來寓意吉祥。珊瑚蓋。

80

白地套藍玻璃罌粟花鼻煙壺
清晚期
通高7厘米　腹徑4.8厘米

Glass snuff bottle with blue overlay of poppy flower design over a white ground
Late Qing Dynasty
Overall height: 7cm
Diameter of belly: 4.8cm

鼻煙壺直頸，鼓腹，平底。通體白套藍玻璃，其上裝飾折枝罌粟花紋。銅鍍金鏨花蓋連象牙匙。

此鼻煙壺屬民間製品，其工藝較之清代宮廷造辦處的製品略遜一籌。

81

白套七色玻璃博古紋鼻煙壺
清晚期
通高7.4厘米　腹徑4.1厘米

Glass snuff bottle with polychrome overlay of antiques design over a white ground
Late Qing Dynasty
Overall height: 7.4cm
Diameter of belly: 4.1cm

鼻煙壺扁瓶形。白地套粉紅、綠、醬、紫、寶藍、天藍、黃等七色玻璃，以山石、小鳥、花枝、螃蟹、爵杯、竹葉等內容組成博古紋飾。珊瑚蓋連竹匙。

此壺紋飾疏朗淡雅，工藝獨特，是故宮藏品中套色最多的一件。

82

白地套多色玻璃雲螭紋鼻煙壺
清晚期
通高7.5厘米　腹徑2.8厘米

Glass snuff bottle with polychrome overlay of hydra and clouds
design over a white ground
Late Qing Dynasty
Overall height: 7.5cm
Diameter of belly: 2.8cm

鼻煙壺長瓶形，平底。通體半透明白地套綠、紅、藍和黃
色玻璃，壺體飾雲紋和變形螭紋。珊瑚嵌珍珠蓋。

此鼻煙壺為晚清民間製品，花紋及其組合方式較特殊。

83

白套五色玻璃松鷹圖鼻煙壺
清晚期
高6.3厘米　腹徑3.7厘米

Glass snuff bottle with polychrome overlay of bird-and-flower
design over a white ground
Late Qing Dynasty
Height: 6.3cm
Diameter of belly: 3.7cm

鼻煙壺扁瓶形。白地套粉、綠、紫、藍、紅五色玻璃。壺
體一面為松鷹圖，兩隻海東青分別立於松樹上下，象徵
"英雄長青"；另一面為蘿蔔、蝴蝶圖，兩隻顏色各異的蝴
蝶圍繞一蘿蔔上下飛舞，象徵生活清淡。壺體兩側為藍色
紋飾。

此壺紋飾組合較為少見，構思獨特，寓意深長，為民間製
品。

84

白套三色玻璃喜上眉梢圖鼻煙壺

清晚期

通高6.5厘米　腹徑4.3厘米

**Glass snuff bottle with three-coloured overlay of potted
landscape over a white ground**

Late Qing Dynasty

Overall height: 6.5cm

Diameter of belly: 4.3cm

鼻煙壺扁瓶形。白色地套粉紅、橙紅、淺藍三色玻璃。腹部兩面紋飾相同，以淺藍玻璃作成山石、花盆，以粉紅、橙紅玻璃作成喜鵲登梅圖盆景。紋飾寓意"喜上眉梢"。珊瑚蓋連象牙匙。

85

粉地套多色玻璃金魚圖鼻煙壺
清晚期
高7.9厘米　腹徑4.7厘米

Glass snuff bottle with polychrome overlay of goldfish design over a pink ground
Late Qing Dynasty
Height: 7.9cm
Diameter of belly: 4.7cm

鼻煙壺膽瓶形，平底。透明粉色地套藍、綠、紅、黃、白等多色玻璃，壺體通景飾金魚圖，九尾不同顏色、姿態各異的金魚在水中游弋，周圍點綴以荷葉。古人以"九"為吉數，魚諧"餘"音，此類紋飾多寓意吉祥。

此壺屬民間製品，紋飾及色彩略顯繁雜。

86

珍珠地套多色玻璃魚藻紋鼻煙壺
清晚期
高5.8厘米　腹徑4厘米

Glass snuff bottle with polychrome overlay of fish and water-weed design over a pearl ground
Late Qing Dynasty
Height: 5.8cm
Diameter of belly: 4cm

鼻煙壺長圓瓶形，平底。淺藍珍珠地套紅、黃、藍、綠和藕荷色玻璃，壺體一面飾一尾金魚遊弋，周圍點綴各色水草，另一面飾靈芝，寓意吉祥。

此壺所套多色玻璃是用玻璃棒按照紋飾的內容粘合而成，為套玻璃工藝的製作技法之一。

87

透明地套雙色玻璃幾何紋鼻煙壺
清晚期
高7厘米　腹徑5.2厘米

Glass snuff bottle with two-coloured overlay of geometric design over a transparent ground
Late Qing Dynasty
Height: 7cm
Diameter of belly: 5.2cm

鼻煙壺扁瓶形。透明地套白、綠雙色玻璃。壺體兩面均飾形狀各異的幾何紋，幾何紋內的透明玻璃稜角分明。

此壺套色獨特，紋飾新穎，頗具現代藝術的風格。

88

黃玻璃攪色鼻煙壺
清中期
高7.1厘米　腹徑3厘米
清宮舊藏

Glass snuff bottle in twisted colours over a yellow ground
Middle Qing Dynasty
Height: 7.1cm
Diameter of belly: 3cm
Qing Court collection

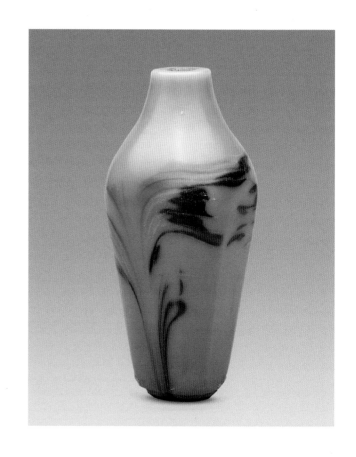

鼻煙壺瓶形，豐肩斂腹，圓底。黃地攪色玻璃。在黃色中點綴綠、紅、褐等各種顏色，壺體有兩束燄火狀的紋飾，尤為獨特。

89

白玻璃攪色鼻煙壺
清中期
通高6.4厘米　腹徑3.6厘米
清宮舊藏

Glass snuff bottle with floral design in twisted colours over a white ground
Middle Qing Dynasty
Overall height: 6.4cm
Diameter of belly: 3.6cm
Qing Court collection

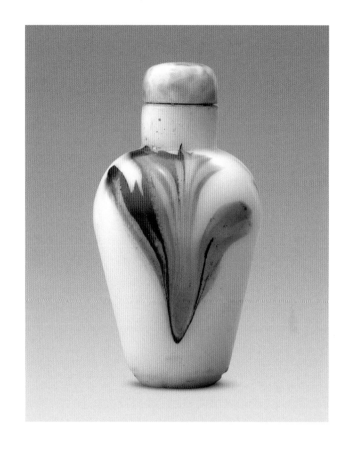

鼻煙壺瓶形，豐肩斂腹，圓底。攪色玻璃工藝，白玻璃地攪紅、綠、藍三色，壺體攪成花束形紋飾，造型獨特。翡翠蓋。

此壺色彩雅淨，壺、蓋搭配協調，渾然一體。

90

白玻璃攪色鼻煙壺
清中期
高4.8厘米　腹徑4.5厘米

Glass snuff bottle in twisted colours over a white ground
Middle Qing Dynasty
Height: 4.8cm
Diameter of belly: 4.5cm

鼻煙壺扁瓶形，直口，平底。攪色玻璃工藝。壺體灰白色，灑滿藍、紅色形狀各異的點狀裝飾。

此壺色彩搭配巧妙，給人以瓷器中青花釉裏紅的印象。

91

黑玻璃攪色鼻煙壺
清中期
高4.8厘米　腹徑4厘米

Glass snuff bottle in twisted colours over a black ground
Middle Qing Dynasty
Height: 4.8cm
Diameter of belly: 4cm

鼻煙壺罐形，扁圓腹，平底。攪色玻璃工藝。由紅、
黑、綠、藍、黃等幾種顏色的玻璃攪製而成，通體佈滿
形狀各異的線條紋樣，紋飾自然優美、色彩絢麗。

92

綠玻璃攪色鼻煙壺
清中期
通高6厘米　腹徑4.5厘米

Glass snuff bottle in twisted colours over a green ground
Middle Qing Dynasty
Overall height: 6cm
Diameter of belly: 4.5cm

鼻煙壺扁瓶形，直口，平底。攪色玻璃工藝。通體由兩
層透明綠色玻璃夾白色玻璃攪製而成，白色花紋從壺口
自然旋轉而下遍佈壺體。碧璽蓋連象牙匙。

93

雄黃色玻璃鼻煙壺
清中期
通高6.9厘米　腹徑4.8厘米
清宮舊藏

Glass snuff bottle in realgar colour
Middle Qing Dynasty
Overall height: 6.9cm
Diameter of belly: 4.8cm
Qing Court collection

鼻煙壺扁瓶形，直口，圈足。攪色玻璃工藝。通體為雄
黃色玻璃，口及頸肩部有不規則的花斑紋。兩側肩部有
獸面啣環耳。銀嵌翠蓋。

雄黃為礦物，又名雞冠石，橘黃色。此壺即為仿雄黃石
效果的製品。

94

雄黃玻璃攪色鼻煙壺
清中期
通高6.4厘米　腹徑4.6厘米

**Glass snuff bottle in twisted colours of realgar and light
yellow**
Middle Qing Dynasty
Overall height: 6.4cm
Diameter of belly: 4.6cm

鼻煙壺短頸，扁圓腹。通體以攪色玻璃工藝成型，壺體
以雄黃、淡黃二色玻璃攪成不規則的斑紋狀圖紋，似石
質紋理。翠蓋連竹匙。

95

綠玻璃攪色鼻煙壺
清中期
高4.5厘米　腹徑3厘米
清宮舊藏

Glass snuff bottle in twisted colours of green and brown
Middle Qing Dynasty
Height: 4.5cm
Diameter of belly: 3cm
Qing Court collection

鼻煙壺直口，腹部略扁，橢圓形圈足。攪色玻璃工藝，
從壺口處觀察，壺體內有一層灰白色玻璃，外面一層為
攪色玻璃，通體有褐色、綠色和金星狀斑點。

96

玻璃攪色鼻煙壺
清中期
高5.4厘米　腹徑4.3厘米
清宮舊藏

Glass snuff bottle in twisted colours
Middle Qing Dynasty
Height: 5.4cm
Diameter of belly: 4.3cm
Qing Court collection

鼻煙壺圓口，短頸，扁圓腹。通體以攪色玻璃工藝成
型。壺體為無色透明玻璃，從上而下灑滿白色、紫紅色
等不規則的點狀裝飾。自然而有動感。

97

透明玻璃攪色鼻煙壺
清中期
高5.8厘米　腹徑5厘米
清宮舊藏

Glass snuff bottle in twisted colours over a transparent ground
Middle Qing Dynasty
Height: 5.8cm
Diameter of belly: 5cm
Qing Court collection

鼻煙壺扁瓶形，直口，圈足。攪色玻璃工藝。壺體為透明玻璃，裝飾粉紅、白色的斑點狀紋飾，若空中紅雲，又似春風中落下的花瓣，頗具詩意。

98

粉玻璃攪色鼻煙壺
清中期
通高5厘米　腹徑4.4厘米

Glass snuff bottle in twisted colours over a pink ground
Middle Qing Dynasty
Overall height: 5cm
Diameter of belly: 4.4cm

鼻煙壺荷包形。攪色玻璃工藝，壺體為淺粉色地，其上灑滿綠、黃、藍、粉紅色、金星等形狀各異的斑點狀裝飾。藍色水晶蓋連象牙匙。

99

紫紅色玻璃膽瓶形鼻煙壺
清乾隆
通高5.3厘米　腹徑3厘米
清宮舊藏

Purplish pink glass snuff bottle in the shape of a vase
Qianlong Period, Qing Dynasty
Overall height: 5.3cm
Diameter of belly: 3cm
Qing Court collection

鼻煙壺膽瓶形，垂腹，平底。通體為紫紅色半透明玻璃，光素無紋。底陰刻"乾隆年製"款。金星玻璃嵌珊瑚蓋。

此壺雖無紋飾，卻以其俏麗的造型與純美的色彩取勝。

100

粉色玻璃燈籠形鼻煙壺
清乾隆
通高4.8厘米　腹徑2厘米
清宮舊藏

Pink glass snuff bottle in the shape of lantern
Qianlong Period, Qing Dynasty
Overall height: 4.8cm
Diameter of belly: 2cm
Qing Court collection

鼻煙壺長圓燈籠形，圓口，平底。通體為粉色玻璃，上有紅色螺旋式紋飾。壺底陰刻"乾隆年製"楷書款。

此鼻煙壺造型玲瓏秀美，色彩柔和，是乾隆時期單色玻璃鼻煙壺中的精美之作。

101

藍玻璃描金垂釣圖鼻煙壺
清乾隆
通高5厘米　腹徑2.3厘米
清宮舊藏

Blue glass snuff bottle with fishing design in gold tracery
Qianlong Period, Qing Dynasty
Overall height: 5cm
Diameter of belly: 2.3cm
Qing Court collection

鼻煙壺瓶形，圈足。通體深藍色透明玻璃，其上有通景描金《老翁垂釣圖》，由於時間久遠，圖紋已經磨損。底署戧金"乾隆年製"仿宋款。銅鍍金鏨花蓋。

此壺仿藍寶石色彩，潔淨透明，外有緞面包袱。為故宮珍藏的唯一玻璃描金作品。

102

紅玻璃刻花龍紋鼻煙壺
清乾隆
通高6.3厘米　腹徑2.2厘米
清宮舊藏

Red glass snuff bottle incised with dragon design
Qianlong Period, Qing Dynasty
Overall height: 6.3cm
Diameter of belly: 2.2cm
Qing Court collection

鼻煙壺瓶形，平底。通體為紅色透明玻璃，上有刻花紋
飾，一條草尾龍環繞壺體。龍紋飄逸生動，活靈活現。
底陰刻"乾隆年製"款。銅鍍金鏨花蓋。

刻花是乾隆時期玻璃工藝的一個重要品種，類似於琢玉
的技術，此鼻煙壺的紋飾就是以琢玉的方法磨刻而成。

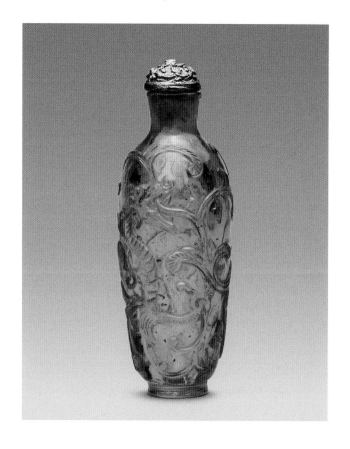

103

紅玻璃磨花鼻煙壺
清中期
通高6.8厘米　腹徑4.6厘米
清宮舊藏

Red glass snuff bottle polished in polygon
Middle Qing Dynasty
Overall height: 6.8cm
Diameter of belly: 4.6cm
Qing Court collection

鼻煙壺直口，平底。通體紅色透明玻璃，壺體磨製成規
則的六邊形、五邊形。銀燒藍嵌翠蓋連銅匙。

104

紫紅色玻璃葫蘆形鼻煙壺
清中期
通高7.7厘米　腹徑3.6厘米
清宮舊藏

Mauve glass snuff bottle in the shape of calabash
Middle Qing Dynasty
Overall height: 7.7cm
Diameter of belly: 3.6cm
Qing Court collection

鼻煙壺葫蘆形，直口，平底。通體紫紅色玻璃，光素無紋。銅鍍金鏨花蓋連象牙匙。

此鼻煙壺造型敦實，線條渾圓流暢，色澤沉穩，應是乾隆時期的作品。

105

黃玻璃馬蹄尊形鼻煙壺
清中期
通高6厘米　腹徑4.2厘米
清宮舊藏

Yellow glass snuff bottle in the shape of a hoof
Middle Qing Dynasty
Overall height: 6cm
Diameter of belly: 4.2cm
Qing Court collection

鼻煙壺馬蹄尊形。通體黃色玻璃，俗稱"雞油黃"色，光素無紋。珊瑚蓋連象牙匙。

此壺造型穩重，色彩嬌嫩，表面平滑，顯出尊貴的皇家風采。

106

黃玻璃垂膽形鼻煙壺及鼻煙碟
清中期
通高7.5厘米　腹徑3.3厘米

Yellow glass snuff bottle and a dish
Middle Qing Dynasty
Overall height: 7.5cm
Diameter of belly: 3.3cm

鼻煙壺敞口，垂膽形扁圓腹，平底。通體黃色玻璃，俗
稱"雞油黃"色，質地勻淨溫潤，光素無紋。翠綠色玻璃
蓋。附圓形黃色玻璃鼻煙碟。

此壺色彩柔和，是黃色玻璃製品中之精品。

107

淡藍玻璃罐形鼻煙壺
清中期
通高4.7厘米　腹徑2.4厘米
清宮舊藏

Light blue glass snuff bottle in the shape of a cricket pot
Middle Qing Dynasty
Overall height: 4.7cm
Diameter of belly: 2.4cm
Qing Court collection

鼻煙壺蟋蟀罐形，廣口出沿，平底。壺體淡藍色，光素
無紋，近口沿處淡粉色，口沿套黃色玻璃。珊瑚蓋連象
牙匙。

此壺色彩柔和，造型獨特，但開口過大，從使用功能上
看，不利於鼻煙的存儲。

108

玻璃仿白玉鼻煙壺
清中期
通高5.2厘米　腹徑4厘米

White-jade-imitating glass snuff bottle
Middle Qing Dynasty
Overall height: 5.2cm
Diameter of belly: 4cm

鼻煙壺扁瓶形。通體白色玻璃，仿白玉的效果，潔白無
瑕，光素無紋。珊瑚雕團螭紋蓋連象牙匙。

109

孔雀藍色玻璃鼻煙壺
清中期
高6.7厘米　腹徑3.5厘米
清宮舊藏

Peacock-blue glass snuff bottle
Middle Qing Dynasty
Height: 6.7cm
Diameter of belly: 3.5cm
Qing Court collection

鼻煙壺長瓶形，橢圓形平底。通體為孔雀藍色玻璃，光
素無紋。銅鍍金鏨花蓋連象牙匙。

此壺器型端莊，顏色純正，雖無紋飾，卻以其夢幻般的
色彩取勝。

110

藍玻璃橄欖形鼻煙壺
清中期
通高8.4厘米　腹徑3.2厘米
清宮舊藏

Blue glass snuff bottle in the shape of an olive
Middle Qing Dynasty
Overall height: 8.4cm
Diameter of belly: 3.2cm
Qing Court collection

鼻煙壺橄欖形，腹部略鼓，平底。通體寶藍色透明玻璃，光素無紋。銅鍍金鏨花蓋連象牙匙。

此壺的器形在瓷器中較常見，但在鼻煙壺中則不多見，為宮廷造辦處的製品。

111

黃玻璃刻花團壽字鼻煙壺
清中期
高6.8厘米　腹徑3厘米
清宮舊藏

Yellow glass snuff bottle incised with floral design and characters "Shou" (longevity)
Middle Qing Dynasty
Height: 6.8cm
Diameter of belly: 3cm
Qing Court collection

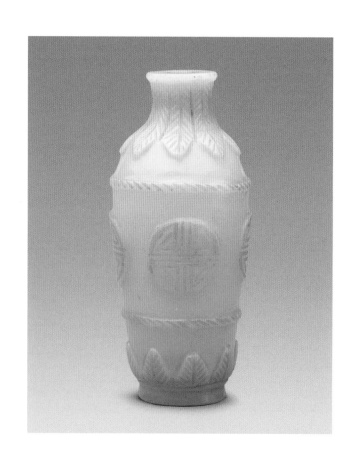

鼻煙壺瓶形，撇口，平底。通體淺黃色玻璃刻花，頸肩部及近足處飾蕉葉紋，壺體上下有兩道繩紋，繩紋中間飾四個團壽字，有祝頌長壽之意。

112

白玻璃刻蓮荷圖鼻煙壺
清中期
高7厘米　腹徑3.5厘米
清宮舊藏

White glass snuff bottle carved with lotus design in relief
Middle Qing Dynasty
Height: 7cm
Diameter of belly: 3.5cm
Qing Court collection

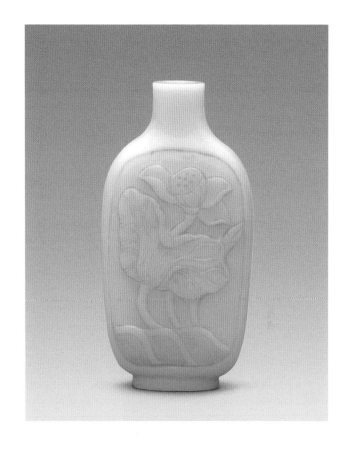

鼻煙壺瓶形，直口，扁腹，橢圓形圈足。通體白玻璃，
壺體前後兩面有長方形開光，內刻荷花水塘，細密的水
紋之上，荷花亭亭玉立，寓意"一品清廉"。

此壺質地純正如白玉，雕工技藝精湛，是以琢玉的方法
製作而成的。

113

寶藍色灑金星玻璃鼻煙壺
清中期
通高6.9厘米　腹徑4.3厘米

Sapphire blue glass snuff bottle sprinkled with golden spots
Middle Qing Dynasty
Overall height: 6.9cm
Diameter of belly: 4.3cm

鼻煙壺扁瓶形，扁圓腹。通體寶藍色透明玻璃，上灑金
星，仿佛夜空中繁星點點，頗有意境。粉紅水晶雕團螭
紋蓋連象牙匙。

114

透明黃玻璃磨花八角鼻煙壺
清嘉慶
通高6厘米　腹徑4.6厘米
清宮舊藏

Octagonal yellow glass snuff bottle polished with geometric
design
Jiaqing Period, Qing Dynasty
Overall height: 6cm
Diameter of belly: 4.6cm
Qing Court collection

鼻煙壺八角扁瓶形，直口，平底。通體黃色透明玻璃。
壺體磨製成規則的幾何形紋樣。底陰刻"嘉慶年製"款。
綠色翡翠蓋。

此壺為宮廷造辦處玻璃廠製作，用料考究，是嘉慶時期
的標準器。

115

藍玻璃鼻煙壺
清道光
通高6.2厘米　腹徑5.2厘米
清宮舊藏

Blue glass snuff bottle
Daoguang Period, Qing Dynasty
Overall height: 6.2cm
Diameter of belly: 5.2cm
Qing Court collection

鼻煙壺扁瓶形，直口，橢圓形圈足。通體天藍色玻璃，
光素無紋。底陰刻"道光年製"款。銅鍍金蓋。

此壺為宮廷造辦處玻璃廠製作，用料考究，是道光時期
的標準器。

116

琥珀色玻璃磨花八角鼻煙壺
清咸豐
通高7.5厘米　腹徑5.5厘米
清宮舊藏

Amber glass snuff bottle polished in octagon
Xianfeng Period, Qing Dynasty
Overall height: 7.5cm
Diameter of belly: 5.5cm
Qing Court collection

鼻煙壺八角扁瓶形，直口，橢圓形平底。通體琥珀色透明玻璃。壺體兩面為圓形，外側磨成八角形。底陰刻"咸豐年製"款。銅鍍金蓋連象牙匙。

此壺為宮廷造辦處玻璃廠製作，用料考究，是咸豐時期的標準器。

117

藍玻璃鼻煙壺
清同治
通高7.3厘米　腹徑5.8厘米
清宮舊藏

Blue glass snuff bottle
Tongzhi Period, Qing Dynasty
Overall height: 7.3cm
Diameter of belly: 5.8cm
Qing Court collection

鼻煙壺扁瓶形，直口，橢圓形平底。通體深藍色半透明玻璃。壺體兩面磨出圓形開光，內呈花瓣形凸起。底陰刻"同治年製"款。銅鍍金蓋。

此鼻煙壺為宮廷造辦處玻璃廠製作，用料考究，是同治時期的標準器。

118

透明藍玻璃鼻煙壺
清光緒
通高6.6厘米　腹徑5.2厘米
清宮舊藏

Blue glass snuff bottle
Guangxu Period, Qing Dynasty
Overall height: 6.6cm
Diameter of belly: 5.2cm
Qing Court collection

鼻煙壺扁瓶形，直口，橢圓形平底。通體寶藍色透明玻璃，光素無紋。底陰刻"光緒年緒"款。銅鍍金蓋連象牙匙。

此壺為宮廷造辦處玻璃廠製作，是光緒時期的標準器，然其款識刻錯，可見當時的工藝水平有所下降。

119

豆綠色玻璃鼻煙壺
清宣統
通高8厘米　腹徑3.8厘米
清宮舊藏

Pea green glass snuff bottle
Xuantong Period, Qing Dynasty
Overall height: 8cm
Diameter of belly: 3.8cm
Qing Court collection

鼻煙壺長瓶形，直口，腹部略扁，橢圓形平底。通體豆綠色玻璃，光素無紋。底陰刻"宣統年製"款。

此壺雖是宮廷造辦處的作品，但工藝不甚精緻，它真實地反映出晚清時期御用作坊的工藝水平。

120

綠玻璃灑金星垂膽形鼻煙壺
清中期
高6.6厘米　腹徑3厘米
清宮舊藏

Green glass snuff bottle sprinkled with golden spots
Middle Qing Dynasty
Height: 6.6cm
Diameter of belly: 3cm
Qing Court collection

鼻煙壺膽瓶形，垂腹，平底。通體綠色玻璃，其上滿佈金色繁星狀裝飾。

此壺的綠色玻璃是套在一層藍色玻璃之上的，製作工藝較為奇特。

121

玻璃攪色灑金星葫蘆形鼻煙壺
清中期
通高5.3厘米　腹徑4.2厘米
清宮舊藏

Twisted glass snuff bottle in the shape of calabash sprinkled with golden spots
Middle Qing Dynasty
Overall height: 5.3cm
Diameter of belly: 4.2cm
Qing Court collection

鼻煙壺葫蘆形，束腰，平底。壺體由藍、深紅、赤、淡綠、淡黃、褐等色玻璃攪製而成，形成不規則的自然紋理，其間點綴片狀金星，光彩熠熠，典雅華麗。銅鍍金鏨花蓋連象牙匙。

此壺製作工藝精湛，是攪色金星玻璃器中最精美的一件。

122

黑玻璃攪色灑金星鼻煙壺
清中期
通高4.6厘米　腹徑3.1厘米
清宮舊藏

Black glass snuff bottle sprinkled with polychrome spots
Middle Qing Dynasty
Overall height: 4.6cm
Diameter of belly: 3.1cm
Qing Court collection

鼻煙壺扁瓶形，直口，圓底。通體黑色地，其上點綴
紅、黃、藍、金等顏色的星狀裝飾，具有滿天星的獨特
效果。銅鍍金鏨花蓋連象牙匙。

123

金星玻璃罐形鼻煙壺
清中期
通高4厘米　腹徑3厘米
清宮舊藏

Aventurine snuff bottle in the shape of a jar
Middle Qing Dynasty
Overall height: 4cm
Diameter of belly: 3cm
Qing Court collection

鼻煙壺罐形，壺體凸起12道棱脊。通體棕色玻璃，內有金
星閃閃發光，表面光素無紋。蓋能開啟，內有鼻煙壺小
蓋連象牙匙。

金星玻璃是乾隆六年（1741）在西方傳教士的參與下，
於宮廷造辦處玻璃廠燒製成功的，現在保留下來的金星
玻璃製品數量很少，鼻煙壺僅有幾件，彌足珍貴。

124

金星玻璃二甲傳臚圖鼻煙壺
清中期
高7厘米　腹徑6厘米
清宮舊藏

Aventurine snuff bottle carved with design of two crabs
Middle Qing Dynasty
Height: 7cm
Diameter of belly: 6cm
Qing Court collection

鼻煙壺瓶形，圓肩，平底。通體為褐色金星玻璃，壺體
一面套綠色金星玻璃刻兩隻肥碩的螃蟹在蘆葦中穿行，
寓意為"二甲傳臚"，科舉及第；另一面光素。

此壺體大厚重，以兩種不同顏色的金星玻璃組成一器，
貴屬罕見。

125

金星玻璃鼻煙壺
清乾隆
通高4.3厘米　腹徑3.4厘米
清宮舊藏

Aventurine snuff bottle
Qianlong Period, Qing Dynasty
Overall height: 4.3cm
Diameter of belly: 3.4cm
Qing Court collection

鼻煙壺直頸，扁圓腹。通體棕色玻璃，表面光素無紋，
內含繁密的金星，光華閃閃。銅鍍金鏨花蓋連象牙匙。

綠玻璃灑金星鼻煙壺

清乾隆
通高5.3厘米　腹徑3.5厘米
清宮舊藏

Green glass snuff bottle sprinkled with irregular golden spots
Qianlong Period, Qing Dynasty
Overall height: 5.3cm
Diameter of belly: 3.5cm
Qing Court collection

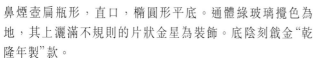

鼻煙壺扁瓶形，直口，橢圓形平底。通體綠玻璃攪色為
地，其上灑滿不規則的片狀金星為裝飾。底陰刻飾金"乾
隆年製"款。

此壺為乾隆時期鼻煙壺的標準器。帶有乾隆款的金星玻璃
鼻煙壺，故宮唯此一件。

金屬胎琺瑯類
鼻煙壺

*Metal-bodied
Enamel Snuff
Bottles*

127

畫琺瑯梅花圖鼻煙壺
清康熙
通高6厘米　腹徑4.5厘米
清宮舊藏

Painted enamel snuff bottle with plum blossom design
Kangxi Period, Qing Dynasty
Overall height: 6cm
Diameter of belly: 4.5cm
Qing Court collection

鼻煙壺扁壺形，橢圓形圈足。壺體兩面飾圓形開光，開光內白釉地上彩繪梅花一株，紅、白二色梅花鮮艷俏麗，花瓣之上用暈色的技法，由淺入深，頗顯立體效果。開光外飾各色不同的花卉紋飾，或聚或散，與梅花互相映襯。底施白釉，中心署藍色"康熙御製"楷書款。銅鍍金鏨花蓋連

象牙匙。

金屬胎扁壺係仿古代背壺形。此壺造型簡潔秀美，色彩柔和淡雅，描繪細緻生動，具有強烈的時代特徵，為康熙朝的代表作品。

128

畫琺瑯嵌匏東方朔偷桃圖鼻煙壺
清康熙
通高6.5厘米　腹徑4.8厘米
清宮舊藏

Painted enamel snuff bottle with gourd design implying longevity
Kangxi Period, Qing Dynasty
Overall height: 6.5cm
Diameter of belly: 4.8cm
Qing Court collection

鼻煙壺扁瓶形，橢圓形圈足。壺體兩面圓形開光內嵌飾相同的"東方朔偷桃"匏片。東方朔笑容可掬，長髯垂胸，身着短袍，肩扛桃枝，悠然前行。兩側飾纏枝花紋，中間一朵花心為黃地描綠色團壽字。圖紋整體寓意"長壽"。底施白釉，中心署藍色"康熙御製"楷書款。銅鍍金鏨花蓋連象牙匙。

此壺是以畫琺瑯和匏製工藝相結合製成的，新奇別致，格調高雅，加之康熙朝鼻煙壺傳世品非常稀少，故愈顯珍貴。

東方朔，是西漢武帝年間的大臣，為人詼諧，民間流傳有許多關於他的傳說。

129

畫琺瑯紫地白梅圖鼻煙壺
清雍正
通高6厘米　腹徑4厘米
清宮舊藏

Painted enamel snuff bottle with white plum blossom design
over a purple ground
Yongzheng Period, Qing Dynasty
Overall height: 6cm
Diameter of belly: 4cm
Qing Court collection

鼻煙壺扁瓶形，橢圓形圈足。通體紫紅釉地繪白梅花一
株，梅花枝杈盤虬交錯，盛開的花朵綴滿枝頭。花心以
淡綠、淡黃色點染，雅逸清新。底施白釉，中心署藍色
"雍正年製"楷書款。銅鍍金鏨花蓋連象牙匙。

130

畫琺瑯黑地牡丹花圖鼻煙壺
清雍正
通高4.5厘米　腹徑3.4厘米
清宮舊藏

Painted enamel snuff bottle with peony blossom design over a
black ground
Yongzheng Period, Qing Dynasty
Overall height: 4.5cm
Diameter of belly: 3.4cm
Qing Court collection

鼻煙壺扁瓶形，圓底。在黑釉地上彩繪折枝花紋。壺體
兩面均繪盛開的粉紅色牡丹花一朵，花朵碩大，花瓣層
層疊疊，充滿生機，周圍輔以綠葉、秋菊、黃花。寶藍
色玻璃蓋連象牙匙。

此壺雖無款識，但從形制、色彩、畫工等諸方面可以斷
定其為雍正朝的佳作。

131

畫琺瑯黑地白梅圖鼻煙壺
清雍正
通高6厘米　腹徑4.5厘米
清宮舊藏

**Painted enamel snuff bottle with white plum blossom design
over a black ground**
Yongzheng Period, Qing Dynasty
Overall height: 6cm
Diameter of belly: 4.5cm
Qing Court collection

鼻煙壺扁瓶形，橢圓形圈足。通體黑釉地繪老梅一株，梅
枝舒展，數十朵梅花和花蕾分佈其間。底施白釉，中心署
藍色"雍正年製"楷書款。銅鍍金鏨花蓋連象牙匙。

此壺繪製精細，纖細的花蕊絲絲畢現，蒼老的樹結生動逼
真，充分體現了雍正朝的工藝特徵，為這一時期的代表性
作品。

132

畫琺瑯黃地寶相花紋鼻煙壺
清雍正
通高6.2厘米　腹徑3厘米
清宮舊藏

Painted enamel snuff bottle with floral design over a yellow
ground
Yongzheng Period, Qing Dynasty
Overall height: 6.2cm
Diameter of belly: 3cm
Qing Court collection

鼻煙壺扁瓶形，垂腹，橢圓形圈足。明黃釉地，壺體兩面
繪飾碩大而舒展的粉紅色寶相花一朵，四周襯以相連的枝
蔓。底施白釉，中心署黑色"雍正年製"楷書款。銅鍍金鏨
花蓋連象牙匙。

此壺釉料細潤光滑，色澤純正艷麗，具有濃厚的宮廷風格
和顯著的時代特徵。

133

畫琺瑯紅蝠紋葫蘆形鼻煙壺
清雍正
通高3.4厘米　腹徑2.2厘米
清宮舊藏

Painted enamel snuff bottle in the shape of calabash with red
bat design
Yongzheng Period, Qing Dynasty
Overall height: 3.4cm
Diameter of belly: 2.2cm
Qing Court collection

鼻煙壺扁葫蘆形，束腰，平底。黃釉地上繪通景葫蘆一
株，其枝蔓纏繞周身，在綠葉白花之間綴有果實，壺體前
後有兩隻紅色蝙蝠上下翻飛，寓意"洪福萬代"。底署黑色
"雍正年製"仿宋款。畫琺瑯帶紐蓋連象牙匙。

134

畫琺瑯勾蓮紋荷包形鼻煙壺
清雍正
通高3.5厘米　腹徑3.2厘米
清宮舊藏

Painted enamel snuff bottle in the shape of a pouch with design of delineated lotus
Yongzheng Period, Qing Dynasty
Overall height: 3.5cm
Diameter of belly: 3.2cm
Qing Court collection

鼻煙壺三角荷包形，如展開的折扇，平底。在白釉地上飾
勾蓮花紋。壺體兩面繪圖案式紅花一朵，花瓣舒展對稱，
色澤鮮艷，周圍襯以綠葉和各色小花。肩部飾雙勾枝蔓。
寶藍色玻璃蓋連象牙匙。

此壺造型獨特精巧，釉料細潤，色彩淡雅柔和，並運用了
暈染的描繪方法，體現了宮廷御用品精湛的工藝水平。

135

金胎畫琺瑯玉蘭花形鼻煙壺
清乾隆
通高4.5厘米　腹徑2.8厘米
清宮舊藏

Painted enamel snuff bottle with a gold body in the shape of
magnolia flower
Qianlong Qing Dynasty
Overall height: 4.5cm
Diameter of belly: 2.8cm
Qing Court collection

鼻煙壺金胎，外飾六個凸起的花瓣，形成倒置的半開玉蘭
花形，圈足。其中三瓣彩繪形態各異的花朵，另三瓣與之
相間，以胭脂色繪山水樓閣圖景。肩部鏨刻雙層蓮瓣紋。
底施白釉，中心署藍色"乾隆年製"楷書款。畫琺瑯帶鈕蓋
連象牙匙。

此壺為仿生造型，其裝飾運用了畫琺瑯和鏨刻兩種工藝。
由於金胎鼻煙壺造價高昂，即使在宮廷也製作得很少，故
而此器實為傳世珍品。

136

金胎畫琺瑯孔雀尾形鼻煙壺
清乾隆
通高4.6厘米　腹徑3.7厘米
清宮舊藏

Painted enamel snuff bottle with a gold body in the shape of
peacock-tail
Qianlong Period, Qing Dynasty
Overall height: 4.6cm
Diameter of belly: 3.7cm
Qing Court collection

鼻煙壺金胎，扁腹，凹底。壺體如孔雀開屏，兩面以孔雀
尾紋為飾，壺側與頸部以黃地繪紅色花朵為飾。底部圓形
開光，內署藍釉"乾隆年製"楷書款。銅鍍金鏨花蓋連象牙
匙。

此鼻煙壺玲瓏精巧，別具一格，體現了乾隆時期畫琺瑯鼻
煙壺的藝術特點。

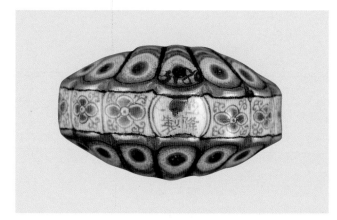

137

畫琺瑯纏枝花紋荷包形鼻煙壺
清乾隆
通高3.5厘米　腹徑5厘米
清宮舊藏

Panited enamel snuff bottle in the shape of a pouch with floral
design
Qianlong Period, Qing Dynasty
Overall height: 3.5cm
Diameter of belly: 5cm
Qing Court collection

鼻煙壺荷包形。壺體在明黃釉地上滿飾梅花、菊花、秋葵
等纏枝花卉紋，雖是纏枝，但花盛葉茂，頗為寫實。頸部
環飾藍色菊瓣紋一周，雙肩設提環，以綴珊瑚球的絲帶繫
之。底飾雙桃。紋飾寓長壽之意。

此壺造型獨特，圖紋雋秀典雅，釉料純淨潤滑，色澤豐富
艷麗，描繪精益求精，雖無款識，但可斷定為乾隆時期宮
廷造辦處製造。

138

畫琺瑯花蝶圖鼻煙壺
清乾隆
通高4.5厘米　腹徑3.9厘米
清宮舊藏

Painted enamel snuff bottle with design of flower and butterfly
Qianlong Period, Qing Dynasty
Overall height: 4.5cm
Diameter of belly: 3.9cm
Qing Court collection

鼻煙壺扁瓶形，腹部略鼓，橢圓形圈足。壺體在白釉地上彩繪通景花蝶圖，折枝玫瑰、菊花、葫蘆、百合，疏密有致，四隻蝴蝶飛舞於花叢中，圖紋寓意吉祥。肩飾蓮瓣紋一周，底施天藍釉，中心署黑色"乾隆年製"篆書款。銅鍍金鏨花蓋連象牙匙。

139

畫琺瑯紫地百花圖鼻煙壺
清乾隆
通高5.1厘米　腹徑3.5厘米
清宮舊藏

**Painted enamel snuff bottle with floral design over purple
ground**
Qianlong Period, Qing Dynasty
Overall height: 5.1cm
Diameter of belly: 3.5cm
Qing Court collection

鼻煙壺扁瓶形，橢圓形圈足。壺體在紫色地上彩繪牡
丹、菊花、百合、牽牛、梅花等四季花卉，形象生動寫
實，色彩豐富，習稱"百花圖"。底施白釉，中心署藍色
"乾隆年製"楷書款。銅鍍金鏨花蓋連象牙匙。

140

畫琺瑯綠地團花紋鼻煙壺
清乾隆
通高5.1厘米　腹徑3.6厘米

**Painted enamel snuff bottle with posy design over a green
ground**
Qianlong Period, Qing Dynasty
Overall height: 5.1cm
Diameter of belly: 3.6cm

鼻煙壺扁瓶形，橢圓形圈足。壺體在草綠色地上彩繪形
狀各異、色彩不同的團花。頸、足處分別飾圖案性花紋
和迴紋。底施白釉，中心署藍色"乾隆年製"楷書款。銅
鍍金鏨花蓋連象牙匙。

清代以團花作裝飾始自康熙朝，多用於織繡品。乾隆朝
又將團花成功地運用在鼻煙壺的裝飾上，取得了良好的
裝飾效果。

141

畫琺瑯紫地梅花圖鼻煙壺
清乾隆
通高4.8厘米　腹徑3.5厘米

Painted enamel snuff bottle with plum blossom design over
purple ground
Qianlong Period, Qing Dynasty
Overall height: 4.8cm
Diameter of belly: 3.5cm

鼻煙壺扁瓶形，橢圓形圈足。壺體在玫瑰紫色地上繪兩
株枝幹曲折交錯的梅花，並襯有綠竹和奇石。頸、肩部
及足外牆分別飾裝飾性花紋。底施白釉，中心署藍色"乾
隆年製"楷書款。銅鍍金鏨花蓋連象牙匙。

清代康熙、雍正、乾隆三朝以梅花為題材的作品較多，
但其風格各異，此鼻煙壺之梅花圖紋與康熙、雍正時期
作品相比，枝繁花密，別具一格。

142

畫琺瑯月季綬帶圖鼻煙壺
清乾隆
通高6.5厘米　腹徑3.2厘米

Painted enamel snuff bottle with design of monthly rose and
paradise flycatcher
Qianlong Period, Qing Dynasty
Overall height: 6.5cm
Diameter of belly: 3.2cm

鼻煙壺長瓶形，直口，圈足。壺體繪通景月季、綬帶，
鮮紅的月季花競相綻放，色彩不同的野菊花雖小猶艷，
兩隻綬帶鳥棲息於修長的樹枝上，寓意"春秋長壽"。壺
頸及肩部飾蕉葉和瓔珞紋。底施白釉，中心署藍色"乾隆
年製"楷書款。琺瑯旋花紋蓋。

143

畫琺瑯秋艷圖鼻煙壺
清乾隆
通高5.6厘米　腹徑4.1厘米
清宮舊藏

Painted enamel snuff bottle with flower-and-bird design
Qianglong Period, Qing Dynasty
Overall height: 5.6cm
Diameter of belly: 4.1cm
Qing Court collection

鼻煙壺扁瓶形，橢圓形圈足。壺體在白釉地上繪通景《秋艷圖》，嬌艷的菊花襯托以秋草紅葉，兩隻白頭翁翹立枝頭，寓"長壽"之意。頸、肩部及近足處分別環飾紅色蔓草紋和藍色如意雲頭紋等裝飾性紋樣。底施白釉，中心署藍色"乾隆年製"楷書款。銅鍍金鏨花蓋連象牙匙。

144

畫琺瑯貓蝶圖鼻煙壺
清乾隆
通高6厘米　腹徑4厘米

Painted enamel snuff bottle with design of cat and butterfly
Qianlong Period, Qing Dynasty
Overall height: 6cm
Diameter of belly: 4cm

鼻煙壺扁瓶形，橢圓形圈足。壺體兩面以葫蘆和絲穗紋分成兩個開光，開光內繪相近的《貓蝶圖》，空中一彩蝶飛舞，雪白的小貓仰視欲撲，旁有湖石、牡丹、菊花、秀竹，寓意"耄耋富貴"、"壽居耄耋"。頸、肩部和足外牆飾彩色的索子錦紋。底施白釉，中心署藍色"乾隆年製"楷書款。銅鍍金鏨花蓋連象牙匙。

145

畫琺瑯花卉鵪鶉圖鼻煙壺
清乾隆
通高5.5厘米　腹徑3.9厘米
清宮舊藏

Painted enamel snuff bottle with design of quails and flowers
Qianlong Period, Qing Dynasty
Overall height: 5.5cm
Diameter of belly: 3.9cm
Qing Court collection

鼻煙壺扁瓶形，橢圓形圈足。壺體兩面對稱開光，內繪兩隻鵪鶉交錯站立，一仰首望天，一回首覓食。周圍襯以秀石、野菊花和花葉。鵪鶉寓"平安"，菊諧音"居"，葉諧音"業"，紋飾寓"安居樂業"之意。兩側繪裝飾性花卉紋，頸飾藍色迴紋。底施白釉，中心藍色雙方框內署"乾隆年製"楷書款。銅鍍金鏨花蓋連象牙匙。

此壺繪畫工整細緻，側面花紋是用琺瑯釉料堆飾而成，高出平面，在畫琺瑯裝飾中極其罕見。以鵪鶉作裝飾紋樣在清代頗為流行。

146

畫琺瑯錦雞月季圖鼻煙壺
清乾隆
通高5.6厘米　腹徑4厘米

Painted enamel snuff bottle with design of pheasant and Chinese rose
Qianlong Period, Qing Dynasty
Overall height: 5.6cm
Diameter of belly: 4cm

鼻煙壺扁瓶形，橢圓形圈足。壺體繪通景錦雞、月季，一對錦雞相對立於秀石上，四周點綴月季、牽牛、野菊等花卉，寓意"錦上添花"。頸、肩部繪裝飾性花紋，近足處飾藍色如意雲頭紋。底施白釉，中心署藍色"乾隆年製"楷書款。銅鍍金鏨花蓋連象牙匙。

147

畫琺瑯花鳥圖鼻煙壺
清乾隆
通高6厘米　腹徑4.4厘米
清宮舊藏

Painted enamel snuff bottle with design of birds among flowers
and plants
Qianlong Period, Qing Dynasty
Overall height: 6cm
Diameter of belly: 4.4cm
Qing Court collection

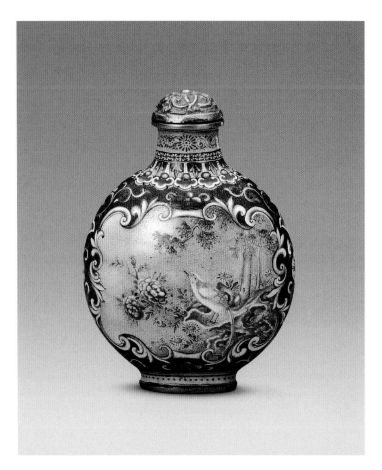

鼻煙壺扁瓶形，橢圓形圈足。壺體褐色地，兩面以捲葉紋
對稱開光，開光內繪花鳥圖，白色綬帶鳥和月季花以及藍
天白雲皆點染細膩，富有層次。開光外飾以對稱的纏枝花
卉紋。底施白釉，中心署藍色"乾隆年製"楷書款。銅鍍金
鏨花蓋連象牙匙。

148

畫琺瑯花鳥圖鼻煙壺
清乾隆
通高5.5厘米　腹徑3.7厘米
清宮舊藏

Painted enamel snuff bottle with flower-and-bird design
Qianlong Period, Qing Dynasty
Overall height: 5.5cm
Diameter of belly: 3.7cm
Qing Court collection

鼻煙壺扁瓶形，橢圓形圈足。壺體以紫紅色為地，兩面對
稱開光，內繪花鳥圖，一面為梅花、白頭，另一面為月
季、綬帶。開光外飾鏨花鍍金的捲葉紋，肩及足外牆飾白
地藍色蔓草紋。底施白釉，中心署藍色"乾隆年製"楷書
款。玻璃蓋連象牙匙。

149

畫琺瑯花鳥圖鼻煙壺
清乾隆
通高5.5厘米　腹徑3.7厘米
清宮舊藏

Painted enamel snuff bottle with flower-and-bird design
Qianlong Period, Qing Dynasty
Overall height: 5.5cm
Diameter of belly: 3.7cm
Qing Court collection

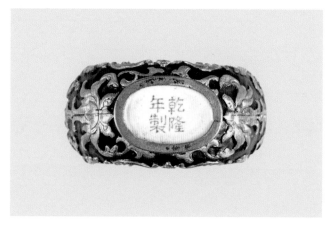

鼻煙壺扁瓶形，橢圓形圈足。壺體以墨綠色為地，兩面對
稱開光，內繪花鳥圖，一面為秋菊、白頭，另一面為玫
瑰、綬帶，寓意"春秋長壽"。開光外飾鏨花鍍金的捲葉
紋，頸、肩部及足外牆飾白地粉紅色蔓草紋。底施白釉，
中心署藍色"乾隆年製"楷書款。玻璃蓋連象牙匙。

此壺五對為一套，均運用畫琺瑯和鏨刻鍍金兩種工藝製
成，做工考究，色彩絢麗，圖紋描繪精緻。其捲葉紋受歐
洲巴洛克藝術風格的影響，這種裝飾手法運用在鼻煙壺上
非常罕見。

150

畫琺瑯鴛鴦戲水圖鼻煙壺
清乾隆
通高7厘米　腹徑4厘米
清宮舊藏

Painted enamel snuff bottle with design of mandarin ducks sporting in water
Qianlong Period, Qing Dynasty
Overall height: 7cm
Diameter of belly: 4cm
Qing Court collection

鼻煙壺瓶形，細頸，垂腹，圈足。壺體以粉紅色為地，
兩面對稱開光，內繪《鴛鴦戲水圖》。水面波光粼粼，雌
雄鴛鴦在水中嬉戲，岸邊山石的縫隙間斜出一株月季
花，盛開的花朵將枝幹壓彎。開光外飾纏枝花卉紋。頸
與足外牆分別飾迴紋。底施白釉，中心著黑色"乾隆年
製"楷書款。琺瑯蓋連象牙匙。

151

畫琺瑯松鹿圖海棠形鼻煙壺
清乾隆
通高7厘米　腹徑4厘米
清宮舊藏

Painted enamel snuff bottle in the shape of begonia with design of pine and deer
Qianlong Period, Qing Dynasty
Overall height: 7cm
Diameter of belly: 4cm
Qing Court collection

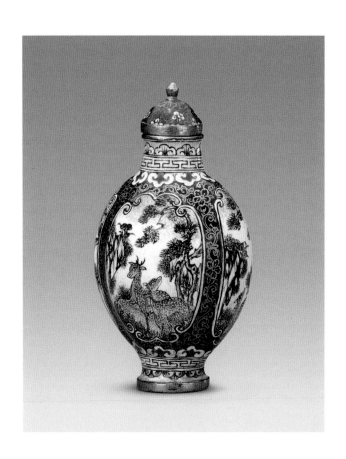

鼻煙壺海棠花形，圈足。壺體紫褐色地，四面有花瓣形
開光，內繪挺拔茂盛的松樹、生長在懸崖峭壁之上的靈
芝和溫順可愛的梅花鹿，寓意"福祿長壽"。開光外飾描
金纏枝梅花紋，頸與足外牆飾對應的如意雲頭紋和迴
紋。底施白釉，中心署黑釉"乾隆年製"楷書款。琺瑯蓋
連象牙匙。

152

畫琺瑯蔬果圖鼻煙壺
清乾隆
通高6厘米　腹徑4.5厘米
清宮舊藏

Painted enamel snuff bottle with design of vegetable and fruit
Qianlong Period, Qing Dynasty
Overall height: 6cm
Diameter of belly: 4.5cm
Qing Court collection

鼻煙壺扁瓶形，橢圓形圈足。壺體滿飾石榴、葡萄、佛
手、桃、豆角、柿子等蔬果，一隻蝴蝶在果實中展翅飛
舞，寓意"多子、多福、多壽"。肩飾藍色垂雲紋，頸飾粉
紅色纏枝花紋。底施白釉，中心署藍色"乾隆年製"楷書
款。銅鍍金鏨花蓋連象牙匙。

153

畫琺瑯黃地錦袱紋鼻煙壺
清乾隆
通高7厘米　腹徑3.4厘米
清宮舊藏

**Painted enamel snuff bottle with brocaded buckle design over a
yellow ground**
Qianlong Period, Qing Dynasty
Overall height: 7cm
Diameter of belly: 3.4cm
Qing Court collection

鼻煙壺罐形，小口，豐肩，圈足。通體黃色地，其上繪纏
枝花卉及雜寶紋，中間飾紫色的錦袱紋，上飾描金團花。
錦袱上垂掛藍色鱖魚墜。底施白釉，中心署黑色"乾隆年
製"楷書款。琺瑯蓋連象牙匙。

154

畫琺瑯母子採花圖鼻煙壺
清乾隆
通高5.8厘米　腹徑3.7厘米
清宮舊藏

Painted enamel snuff bottle with design of mother and her son
picking flowers
Qianlong Period, Qing Dynasty
Overall height: 5.8cm
Diameter of belly: 3.7cm
Qing Court collection

鼻煙壺罐形，橢圓形圈足。壺體彩繪通景母子採花圖，山水之間，母親坐於石板之上等待稚子，神態和藹親切。不遠處，一童子肩扛花籃，邁步走來。底施白釉，中心署藍色"乾隆年製"楷書款。銅鍍金鏨花蓋連象牙匙。

此壺釉面光滑潤澤，色彩柔和，描繪細緻入微，非常精美。在乾隆朝畫琺瑯鼻煙壺中，以人物故事為裝飾題材的較多，它突破了固有的模式，豐富了裝飾內容，使畫面生動活潑。

155

畫琺瑯母嬰聽音圖鼻煙壺
清乾隆
通高6.1厘米　腹徑3.5厘米
清宮舊藏

Painted enamel snuff bottle with design of mother with her
baby listening to bamboo flute
Qianlong Period, Qing Dynasty
Overall height: 6.1cm
Diameter of belly: 3.5cm
Qing Court collection

鼻煙壺罐形，圈足。壺體繪通景母嬰聽音圖。河邊一男童
吹奏橫笛，隔岸一嬰孩依偎在母親懷裏傾聽，旁有秀石和
茂密的花草，修長的紅花樹枝點綴着無際的天空。底施白
釉，中心署藍色"乾隆年製"楷書款。銅鍍金鏨花蓋連象牙
匙。

此壺釉料精細瑩潤，色彩淡雅柔和，人物生動傳神，代表
了清宮畫琺瑯鼻煙壺的工藝水平。

156

畫琺瑯母嬰戲鳥圖鼻煙壺
清乾隆
通高6厘米　腹徑3.5厘米
清宮舊藏

**Painted enamel snuff bottle with design of a woman and child
playing with bird**
Qianlong Period, Qing Dynasty
Overall height: 6cm
Diameter of belly: 3.5cm
Qing Court collection

鼻煙壺罐形，圈足。壺體繪通景母嬰戲鳥圖。河水蜿
蜒，遠山隱現，一女子身着長襖，悠閑地坐在青石板
上，注視着玩鳥的孩童，周圍鮮花爛漫，樹木蔥蘢。底
施白釉，中心署藍色"乾隆年製"楷書款。銅鍍金鏨花
蓋。

157

畫琺瑯母嬰牧羊圖鼻煙壺
清乾隆
通高5.7厘米　腹徑4厘米
清宮舊藏

Painted enamel snuff bottle with design of figures and three rams
Qianlong Period, Qing Dynasty
Overall height: 5.7cm
Diameter of belly: 4cm
Qing Court collection

鼻煙壺罐形，圈足。壺體繪通景母嬰牧羊圖。大樹旁，母親與嬰兒在玩耍，一童子執樹枝守望，旁邊有三隻臥羊，後面是涓涓河水、西洋建築和遠山。三羊寓"三陽開泰"之意，表示吉祥平安。肩部環飾藍色夔龍紋。底施白釉，中心署藍色"乾隆年製"楷書款。銅鍍金鏨花蓋連象牙匙。

158

畫琺瑯母嬰戲鳥圖鼻煙壺
清乾隆
通高5.7厘米　腹徑4.4厘米

Painted enamel snuff bottle with design of a woman and
children playing with bird
Qianlong Period, Qing Dynasty
Overall height: 5.7cm
Diameter of belly: 4.4cm

鼻煙扁瓶形，橢圓形圈足。壺體一面繪母嬰三人戲鳥；另
一面繪母嬰三人玩耍，四周襯以鮮花、小草和秀石。頸及
足分別環飾花卉紋和錦紋。底施白釉，中心署藍色"乾隆
年製"楷書款。銅鍍金鏨花蓋連象牙匙。

此壺釉料溫潤，色澤雅麗。人物側面造型準確，神態生動
活潑，情趣盎然。

159

畫琺瑯嬰戲圖鼻煙壺
清乾隆
通高5.5厘米　腹徑4厘米
清宮舊藏

Painted enamel snuff bottle with design of children at play
Qianlong Period, Qing Dynasty
Overall height: 5.5cm
Diameter of belly: 4cm
Qing Court collection

鼻煙壺扁瓶形，橢圓形圈足。壺體兩面對稱飾橢圓形開
光，分別彩繪嬰戲圖。一面繪四童子，一舉燈，一持穀
穗，另二人拍手歡笑，寓意"五穀豐登"。另一面亦四童
子，其一橫吹長笛，其餘邊聽邊玩，三隻綿羊或立或臥於
旁，寓意"三陽開泰"。開光外繪花卉雙磬，諧"吉慶"之
音，頸及足外牆分別飾迴紋和雲紋。底施白釉，中心署藍
色"乾隆年製"楷書款。銅鍍金鏨花蓋連象牙匙。

160

畫琺瑯垂釣圖罐形鼻煙壺
清乾隆
通高4.7厘米　腹徑3.8厘米
清宮舊藏

Painted enamel snuff bottle in the shape of a jar with design of
an old fishing the bank
Qianlong Period, Qing Dynasty
Overall height: 4.7cm
Diameter of belly: 3.8cm
Qing Court collection

鼻煙壺罐形，小口，豐肩，圈足。壺體繪通景垂釣圖，畫
面上山石相疊，松樹繁茂，水中蘆葦隨風飄動，一長鬚老
人身着長袍，頭戴寬帽，坐於岸邊垂釣。壺肩部及近足處
各飾蓮瓣紋一周。底施白釉，中心署藍色"乾隆年製"楷書
款。藍玻璃蓋。

此鼻煙壺繪畫精細生動，能於方寸間表現出開闊的畫面，
人物面部的皺紋和鬚眉清晰可見，體現出高超的繪畫技
藝。

161

畫琺瑯西洋母嬰嬉戲圖鼻煙壺
清乾隆
通高6厘米　腹徑3.5厘米
清宮舊藏

Painted enamel snuff bottle with design of European women
and children at play
Qianlong Period, Qing Dynasty
Overall height: 6cm
Diameter of belly: 3.5cm
Qing Court collection

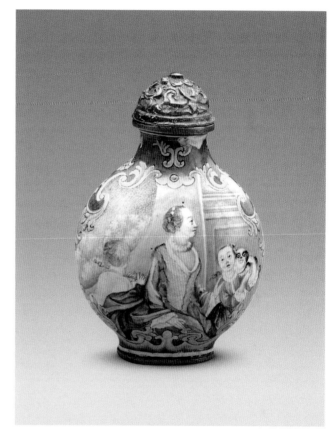

鼻煙壺扁瓶形，橢圓形圈足。壺體兩面開光，一面繪一男孩向母親敬獻鮮花，母親露出會心的微笑，身旁一嬰兒歡喜地望着滿桌的水果和鮮花。另一面繪一女子上着緊身馬甲，下穿藍色長裙，居中而坐，一男孩吹笛，一女孩肩扛小狗嬉戲。開光外飾對稱的捲葉紋。底施白釉，中心署藍色"乾隆年製"楷書款。銅鍍金鏨花蓋連象牙匙。

此鼻煙壺色彩淺淡柔和，兩幅畫面雖然不同，並以開光的形式分隔，但背景可連成一個整體，似通景般渾然一體，別開生面。

109

162

畫琺瑯西洋母嬰圖鼻煙壺
清乾隆
通高6厘米　腹徑4.1厘米
清宮舊藏

Painted enamel snuff bottle with design of European women
and children
Qianlong Period, Qing Dynasty
Overall height: 6cm
Diameter of belly: 4.1cm
Qing Court collection

鼻煙壺扁瓶形，腹部略鼓，橢圓形圈足。壺體兩面繪西洋
母嬰圖。一面為一女孩手架黃鳥以示母親，旁有果籃；另
一面為一男孩伏地玩耍，母親旁坐休息，側有鳥籠。兩圖
均以西洋建築和花草為背景。肩飾瓔珞紋。底施白釉，中
心署藍色"乾隆年製"楷書款。銅鍍金鏨花蓋連象牙匙。

在乾隆時期的人物圖鼻煙壺中，全部以西洋的人物和山水
作裝飾的佔有一定的比例，別具風情。

163

畫琺瑯西洋母嬰圖鼻煙壺
清乾隆
通高5.9厘米　腹徑4.3厘米
清宮舊藏

Painted enamel snuff bottle with design of European women
and children
Qianlong Period, Qing Dynasty
Overall height: 5.9cm
Diameter of belly: 4.3cm
Qing Court collection

鼻煙壺扁瓶形，橢圓形圈足。壺體兩面開光，一面繪一女
子於涼亭內倚桌而坐，將水果遞與孩子，身後一侍女手端
果盤站立，旁有一白色小狗。另一面繪樹木林立，水波潋
漪，岸邊二女子一坐一立，對視交談，一孩童藏於女子身
後向外張望，身旁長方形几上有書本、執壺及長頸瓶。兩
側開光內以胭脂紅色繪西洋風景圖。底施白釉，中心署藍
色"乾隆年製"楷書款。銅鍍金鏨花蓋連象牙匙。

畫琺瑯西洋人物圖鼻煙壺
清乾隆
通高5.4厘米　腹徑3.2厘米

Painted enamel snuff bottle with design of European figures
Qianlong Period, Qing Dynasty
Overall height: 5.4cm
Diameter of belly: 3.2cm

鼻煙壺扁瓶形，橢圓形圈足。壺體兩面開光內繪不同的西
洋人物，一面以西洋建築和樹木為背景，繪母親高挽髮
髻，懷抱幼子。另一面繪一長髯老者與一男孩戲耍一隻斑
點狗。兩側的開光內繪紫色捲雲紋，外飾對稱的勾蓮紋。
底施白釉，中心署藍色"乾隆年製"楷書款。銅鍍金鏨花蓋
連象牙匙。

165

畫琺瑯西洋少女圖鼻煙壺
清乾隆
通高5厘米　腹徑3.5厘米
清宮舊藏

Painted enamel snuff bottle with design of European young girls
Qianlong Period, Qing Dynasty
Overall height: 5cm
Diameter of belly: 3.5cm
Qing Court collection

鼻煙壺扁瓶形，橢圓形圈足。壺體兩面開光內繪西洋少
女，少女均黃髮微捲，面帶微笑，凝神靜思。人物後面以
鮮花和不同的西洋建築為背景。兩側繪百花紋。底施白
釉，中心署藍色"乾隆年製"楷書款。銅鍍金鏨花蓋連象牙
匙。

此鼻煙壺紋飾創作吸收了歐洲透視畫法，人物表情生動，
畫藝高超，為鼻煙壺中的佳作。

166

畫琺瑯西洋山水人物圖鼻煙壺
清乾隆
通高4.8厘米　腹徑3厘米

Painted enamel snuff bottle with design of European figures in
landscape
Qianlong Period, Qing Dynasty
Overall height: 4.8cm
Diameter of belly: 3cm

鼻煙壺圓瓶形，腹部略鼓，口足收斂，似橄欖形狀，圈
足。腹部彩繪通景西洋山水母嬰圖。母子憩息在山石邊，
身旁花籃裏裝滿了採摘的鮮花，遠處西洋式的建築高低錯
落，掩映於隨風擺動的樹木中，構成了一幅西洋美景。底
施白釉，中心署藍色"乾隆年製"楷書款。粉紅色玻璃蓋連
象牙匙。另附精緻的紫檀木座。

167

畫琺瑯西洋少女圖鼻煙壺
清乾隆
通高4.5厘米　腹徑3.3厘米
清宮舊藏

Painted enamel snuff bottle with design of European young
girls
Qianlong Period, Qing Dynasty
Overall height: 4.5cm
Diameter of belly: 3.3cm
Qing Court collection

鼻煙壺扁瓶形，橢圓形圈足。壺體兩面對稱開光內分別
彩繪西洋少女，少女均頭插鮮花，凝神靜思，後面以垂
落的粉紅色幔帳為背景。開光外飾裝飾性花紋，肩部飾
垂葉紋。底施白釉，中心署藍色"乾隆年製"楷書款。銅
鍍金鏨花蓋連象牙匙。

168

畫琺瑯西洋仕女插花圖鼻煙壺
清乾隆
通高7厘米　腹徑3.7厘米
清宮舊藏

Painted enamel snuff bottle with design of an European
woman and baby
Qianlong Period, Qing Dynasty
Overall height: 7cm
Diameter of belly: 3.7cm
Qing Court collection

鼻煙壺扁瓶形，橢圓形圈足。壺體兩面開光，內繪西洋
仕女圖。主人身穿拖地長裙，左手高舉摺扇，坐於石凳
之上，侍女立於身後為其插花打扮。開光外綠色地上飾
描金纏枝花卉紋。底施白釉，中心署黑色"乾隆年製"楷
書款。琺瑯蓋連象牙匙。

此鼻煙壺是乾隆四十四年（1779）
十一月，粵海關監督圖明阿進貢的
一套廣州畫琺瑯鼻煙壺中的一件，
其工藝特點、裝飾風格與宮廷造辦
處的作品相比，有諸多差異。

169

畫琺瑯西洋仕女遠眺圖鼻煙壺
清乾隆
通高6厘米　腹徑4.7厘米
清宮舊藏

**Painted enamel snuff bottle with design of European women
looking far into the distance**
Qianlong Period, Qing Dynasty
Overall height: 6cm
Diameter of belly: 4.7cm
Qing Court collection

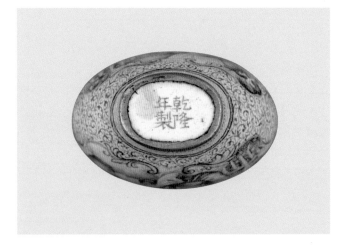

鼻煙壺扁瓶形,橢圓形圈足。壺體兩面以捲葉紋開光,開
光內一面繪一女子立於欄杆前,仰望空中飛舞的紅蝙蝠,
身旁有一裝滿鮮花的花籃。另一面繪古樹下一女子頭戴遮
陽帽,手持毛巾,坐於欄杆前凝神遠望,若有所思,身旁
有一藍色圓罐,上托一盤,盤內滿盛鮮花和水果。開光外
黃色地上繪紫紅色的纏枝蓮花,肩飾垂雲紋一周,頸飾淡
綠地綠色花紋。底施白釉,中心署藍色"乾隆年製"楷書
款。銅鍍金鏨花蓋連象牙匙。

170

畫琺瑯西洋母嬰飼鷺圖鼻煙壺
清乾隆
通高5.6厘米　腹徑3.8厘米
清宮舊藏

Painted enamel snuff bottle with design of an European woman
and a boy feeding an egret
Qianlong Period, Qing Dynasty
Overall height: 5.6cm
Diameter of belly: 3.8cm
Qing Court collection

鼻煙壺扁瓶形，橢圓形圈足。壺體繪通景西洋人物，一面
繪女子手持花環席地而坐，一面繪童子飼鷺鳥玩耍。遠處
山脈連綿，河水蕩漾，花草茂盛，西洋建築矗立。底施白
釉，中心署藍色"乾隆年製"楷書款。銅鍍金鏨花蓋連象牙
匙。

此壺料細工精，色彩清麗，運用了西洋交點透視的畫法繪
製，景物深遠，人物富有立體感。

171

畫琺瑯西洋母嬰圖鼻煙壺
清乾隆
通高5.5厘米　腹徑3.7厘米
清宮舊藏

Painted enamel snuff bottle with design of an European
woman and a baby
Qianlong Period, Qing Dynasty
Overall height: 5.5cm
Diameter of belly: 3.7cm
Qing Court collection

鼻煙壺扁瓶形，橢圓形圈足。壺體兩面開光，內繪相同的
西洋母嬰圖，母親懷抱嬰兒，神態祥和，背後襯以茂盛的
樹木花草和西洋建築。開光外以草綠色為地，飾鏨花鍍金
的捲葉紋。肩及足飾白地粉紅色蔓草紋。底施白釉，中心
署藍色"乾隆年製"楷書款。玻璃蓋連象牙匙。

172

畫琺瑯西洋母嬰圖鼻煙壺
清乾隆
通高5.5厘米　腹徑3.7厘米
清宮舊藏

Painted enamel snuff bottle with design of an European woman
and a boy
Qianlong Period, Qing Dynasty
Overall height: 5.5cm
Diameter of belly: 3.7cm
Qing Court collection

鼻煙壺扁瓶形，橢圓形圈足。壺體兩面開光，內繪以西洋
景物為背景的西洋母嬰圖，一面為母親怀抱嬰兒，旁邊桌
上放着水瓶和杯子。另一面母親持花，孩童依偎在母親身
旁，另一側花籃內盛滿鮮花。開光外以草綠色為地，飾鏨
花鍍金捲葉紋。肩及足飾白地粉紅色蔓草紋。底施白釉，
中心署藍色"乾隆年製"楷書款。玻璃蓋連象牙匙。

173

畫琺瑯西洋仕女品酒圖鼻煙壺
清乾隆
通高5.5厘米　腹徑3.7厘米
清宮舊藏

**Painted enamel snuff bottle with design of an European lady
having a taste of wine**
Qianlong Period, Qing Dynasty
Overall height: 5.5cm
Diameter of belly: 3.7cm
Qing Court collection

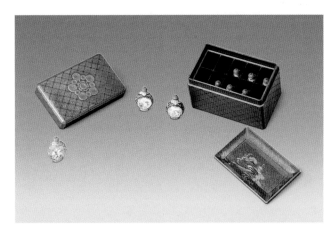

鼻煙壺扁瓶形，橢圓形圈足。壺體兩面開光，內繪西洋仕
女品酒圖，釀酒師與一女子交談，女子手持高腳杯，身後
襯以西洋建築和樹木。開光外以藍色為地，飾鏨花鍍金捲
葉紋，肩及足飾白地粉紅色蔓草紋。底施白釉，中心署藍
色"乾隆年製"楷書款。玻璃蓋連象牙匙。

174

畫琺瑯胭脂紅西洋風景畫鼻煙壺
清乾隆
通高5.2厘米　腹徑4.4厘米
清宮舊藏

Painted enamel snuff bottle with design of western landscape in carmine
Qianlong Period, Qing Dynasty
Overall height: 5.2cm
Diameter of belly: 4.4cm
Qing Court collection

鼻煙壺扁瓶形,橢圓形圈足。壺體以胭脂紅色繪通景山水畫。遠處山脈連綿,近處水面寬闊,二雅士乘舟交談,岸邊西洋建築矗立,古樹參天,空中大雁列隊飛翔。頸及肩分別環飾黃地綠色蔓草紋和藍色如意雲頭紋。底施白釉,中心署藍色"乾隆年製"楷書款。蓋為後配。

此壺用價格昂貴的胭脂紅色進行描繪,釉料細潤明麗,艷而不俗,將中國傳統的山水人物與西洋建築相融和,畫面景致優美,為乾隆朝的鼻煙壺精品。

175

畫琺瑯胭脂紅西洋風景畫鼻煙壺
清乾隆
通高5.2厘米　腹徑3.3厘米
清宮舊藏

Painted enamel snuff bottle with Western landscape design in
carmine
Qianlong Period, Qing Dynasty
Overall height: 5.2cm
Diameter of belly: 3.3cm
Qing Court collection

鼻煙壺扁瓶形，橢圓形圈足。壺體兩面飾捲葉紋開光，內
以胭脂紅色繪西洋景物，畫面上有起伏的山坡、西洋建
築、樹木和人物。開光外淺綠色地上飾纏枝花卉紋。底施
白釉，中心署藍色"乾隆年製"楷書款。銅鍍金鏨花蓋連象
牙匙。

176

畫琺瑯海屋添籌圖葫蘆形鼻煙壺
清嘉慶
通高6.6厘米　腹徑3.3厘米
清宮舊藏

Painted enamel snuff bottle in the shape of a calabash with
design of birthday celebration
Jiaqing Period, Qing Dynasty
Overall height: 6.6cm
Diameter of belly: 3.3cm
Qing Court collection

鼻煙壺葫蘆形，圈足。壺體繪通景《海屋添籌圖》，上部祥
雲繚繞，雲間顯現出一座殿閣，一隻仙鶴從遠處飛來，下
部繪姿態各異的童子和仰視的女子，寓祝頌長壽之意。底
施白釉，中心署藍色"敬製"篆書款。鏨胎琺瑯三蝠紋蓋連
象牙匙。

此壺在盈寸間描繪出眾多的人物，且眉目畢現，反映了匠
師的高超技藝。

177

畫琺瑯蕃人進寶圖鼻煙壺
清嘉慶
通高6厘米　腹徑4.5厘米
清宮舊藏

Painted enamel snuff bottle with scene of foreigners presenting treasures
Jiaqing Period, Qing Dynasty
Overall height: 6cm
Diameter of belly: 4.5cm
Qing Court collection

鼻煙壺扁瓶形，橢圓形圈足。壺體繪通景《蕃人進寶圖》。曲折的山路上，蕃人驅象前行，象背馱着聚寶盆。圖紋上下分別環飾藍色如意雲紋。底施白釉，中心署藍色"嘉慶年製"楷書款。銅鍍金鏨花蓋連象牙匙。

此壺的整體工藝水平較乾隆時期遜色，釉質乾澀，色彩暗沉，描繪亦不夠精細，但將此類裝飾題材用在鼻煙壺中則極為罕見。

178

畫琺瑯泛舟圖鼻煙碟
清乾隆
高0.6厘米　直徑4.8厘米

Painted enamel snuff dish with design of boating
Qianlong Period, Qing Dynasty
Height: 0.6cm
Diameter: 4.8cm

煙碟圓形，圈足。碟面仿青花描繪山水人物，遠山高聳
入雲，山前湖面寬闊，水波蕩漾，一翁泛舟湖中。岸邊
松樹林立，一方形草亭掩映其間。背面草綠色地上繪纏
枝梅花。底施白釉，中心署藍釉"乾隆年製"篆書款。

此煙碟雖小，但繪畫精細，
以釉料代墨，運用中國傳統
畫法，皴染結合，層次清
晰，意境深遠，具有強烈的
藝術表現力。以仿青花色彩
作裝飾，在畫琺瑯工藝中極
為少見。

179

畫琺瑯蟹菊圖荷葉形鼻煙碟
清乾隆
長7.6厘米　寬4.5厘米
清宮舊藏

**Painted enamel snuff dish in the shape of a lotus leaf with
design of crab and chrysanthemum**
Qianlong Period, Qing Dynasty
Length: 7.6cm
Width: 4.5cm
Qing Court collection

煙碟荷葉形，兩面以綠、黃二色暈染，並勾畫葉脈。正
面繪紅、藍折枝菊花和青蟹一隻。背面中心橢圓形開
光，內署藍釉"乾隆年製"楷書款。

此煙碟邊緣曲折
自然，色彩清爽
逼真，花紋寫實
生動，為清乾隆
時期的精品。

180

掐絲琺瑯勾蓮紋雙連瓶形鼻煙壺
清乾隆
高3厘米　腹徑3.1厘米
清宮舊藏

Twin cloisonne enamel snuff bottle with delineated lotus design
Qianlong Period, Qing Dynasty
Height: 3cm
Diameter of belly: 3.1cm
Qing Court collection

鼻煙壺由二瓶相連而成，雙圈足。壺體在藍色釉地上飾工整對稱的勾蓮紋。兩個瓶底分別陰刻"乾隆"、"年製"楷書款。

此壺造型獨特，纖巧別致，釉料細潤，色彩濃鬱，掐絲工整，鍍金厚實，為乾隆時期掐絲琺瑯工藝中的精品。清代掐絲琺瑯鼻煙壺製作很少，傳世品更是罕見，所以此鼻煙壺就愈顯珍貴。

181

掐絲琺瑯寶相花紋鼻煙壺
清晚期
通高6.4厘米　腹徑5厘米

Cloisonne enamel snuff bottle
Late Period, Qing Dynasty
Overall height: 6.4cm
Diameter of belly: 5cm

鼻煙壺扁瓶形，腹部略扁，並以兩道弦紋界出，橢圓形圈足。通體在深紅色地上飾對稱的纏枝寶相花紋。底陰刻"乾隆年製"篆書款。

此鼻煙壺壁體輕薄，棱角分明，造型較為新穎，掐絲均勻，但釉色較為暗沉，其製作工藝與宮廷御製品風格迥異，當為清晚期北京民間作坊所製。

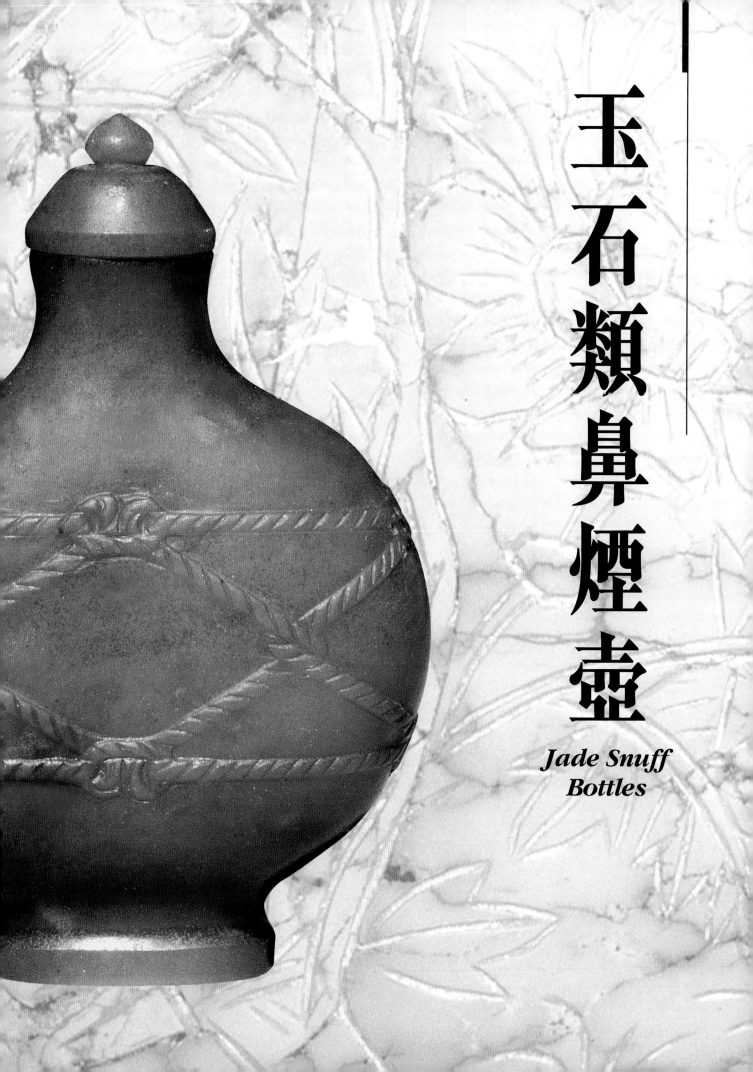

玉石類鼻煙壺

Jade Snuff Bottles

182

白玉雙螭抱瓶鼻煙壺
清乾隆
通高4.7厘米　腹徑4.2厘米
清宮舊藏

White jade snuff bottle with two hydras
Qianlong Period, Qing Dynasty
Overall height: 4.7cm
Diameter of belly: 4.2cm
Qing Court collection

鼻煙壺扁瓶形，橢圓形圈足。壺體兩側雕雙螭作抱瓶
狀，一螭身體向上，四足緊抱壺體，另一螭身體向下，
頭部於壺腹部側轉，似在觀望。頸部鏤空雕雙螭耳，底
陰刻"乾隆年製"篆書款。殘碎紅寶石蓋連象牙匙。

183

白玉雲螭紋鼻煙壺
清乾隆
通高5.6厘米　腹徑3.2厘米
清宮舊藏

White jade snuff bottle with design of cloud and hydras
Qianlong Period, Qing Dynasty
Overall height: 5.6cm
Diameter of belly: 3.2cm
Qing Court collection

鼻煙壺扁瓶形，橢圓形圈足。通體雕雲螭紋，螭首尾相
接，輾轉盤繞於壺體之上，螭身於雲中若隱若現。壺體
近足處雕蓮瓣紋，底陰刻"乾隆年製"篆書款。白玉蓋。

184

白玉獸耳啣環方壺形鼻煙壺
清乾隆
通高5.8厘米　腹徑2.9厘米
清宮舊藏

Square white jade snuff bottle with design of beast mask
holding a ring in its mouth
Qianlong Period, Qing Dynasty
Overall height: 5.8cm
Diameter of belly: 2.9cm
Qing Court collection

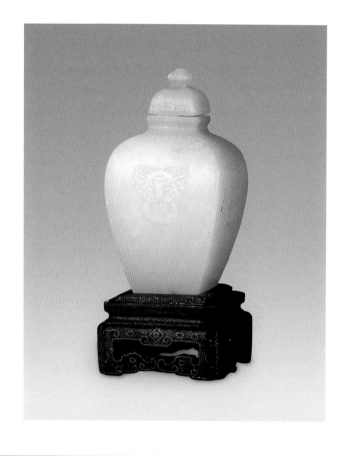

鼻煙壺方壺形，闊肩，斂足。壺體四面雕獸面啣環紋，
底陰刻"乾隆年製"篆書款。方形帶紐玉蓋，銅鍍金匙。
壺下承方形紫檀嵌銀絲木座，座四面皆鏤空雕花，極為
精緻。

此壺為仿古青銅器式樣，別具特色，較為少見。

185

白玉菊瓣紋鼻煙壺
清乾隆
通高5.7厘米　腹徑4厘米
清宮舊藏

White jade snuff bottle with design of chrysanthemum petal
Qianlong Period, Qing Dynasty
Overall height: 5.7cm
Diameter of belly: 4cm
Qing Court collection

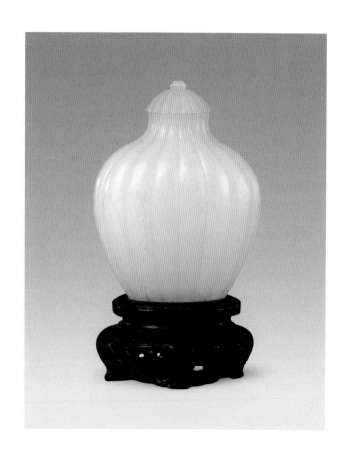

鼻煙壺通體呈菊瓣形，橢圓形圈足。底陰刻"乾隆年製"
篆書款。菊瓣形玉蓋連銅鍍金匙。底配有鏤空紅木座。

186

白玉乳丁紋海棠形鼻煙壺
清乾隆
通高5.4厘米　腹徑2.9厘米
清宮舊藏

White jade snuff bottle with design of chrysanthemum petal
Qianlong Period, Qing Dynasty
Overall height: 5.4cm
Diameter of belly: 2.9cm
Qing Court collection

鼻煙壺扁瓶形，長頸，溜肩，下腹略收截平為底，造型
頗為別致。通體作海棠花形，每一側面均劃分為三瓣，
中間一瓣較豐滿，兩側為陪襯，線條流暢。頸、肩部有
變體迴紋及乳丁紋裝飾。底刻"乾隆年製"篆書款。花瓣
形翠蓋連銅匙。

187

白玉夔龍紋鼻煙壺
清乾隆
通高6.5厘米　腹徑4.5厘米
清宮舊藏

White jade snuff bottle with kui-dragon design
Qianlong Period, Qing Dynasty
Overall height: 6.5cm
Diameter of belly: 4.5cm
Qing Court collection

鼻煙壺扁瓶形，橢圓形圈足。腹部正中淺浮雕夔龍紋，
上下各雕一道繩紋環繞壺體。底陰刻"乾隆年製"篆書
款。圓形玉蓋連象牙匙。

此鼻煙壺玉質上乘，做工精細，是乾隆時期玉製鼻煙壺
的代表作品之一。

188

白玉勾雲紋鼻煙壺
清乾隆
通高6.8厘米　腹徑4.5厘米
清宮舊藏

White jade snuff bottle with cloud design
Qianlong Period, Qing Dynasty
Overall height: 6.8cm
Diameter of belly: 4.5cm
Qing Court collection

鼻煙壺扁瓶形，橢圓形圈足。腹部正中環繞壺體浮雕勾雲紋及虺紋一周。底陰刻"乾隆年製"篆書款，圓形玉頂蓋。紅木底座。

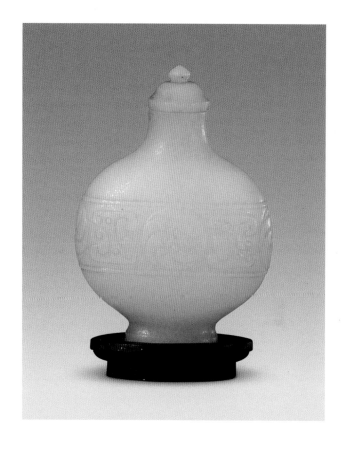

189

白玉玉蘭花形鼻煙壺
清乾隆
通高6.5厘米　寬3.3厘米
清宮舊藏

White jade snuff bottle in the shape of a magnolia flower
Qianlong Period, Qing Dynasty
Overall height: 6.5cm
Width: 3.3cm
Qing Court collection

鼻煙壺倒置玉蘭花形，花瓣低垂，似欲綻放，栩栩如生。口沿一側陰刻"乾隆年製"篆書款。玉蘭花蒂柄為蓋，連銅鍍金匙。

此鼻煙壺以羊脂白玉碾琢，玉質細膩溫潤，雕琢工藝精湛，形式新穎活潑。實為乾隆時期玉製鼻煙壺中的精品。

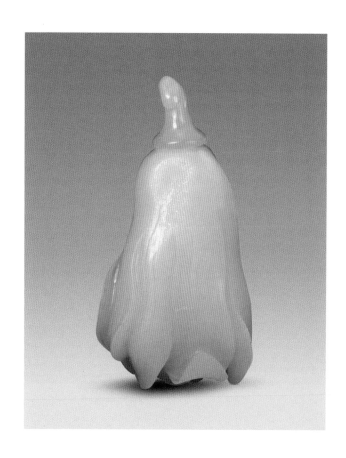

190

白玉帶皮瓜形鼻煙壺
清乾隆
通高6.5厘米　腹徑4厘米
清宮舊藏

White jade snuff bottle in the shape of a melon
Qianglong Period, Qing Dynasty
Overall height: 6.5cm
Diameter of belly: 4cm
Qing Court collection

鼻煙壺香瓜形，通體雕瓜棱紋，並利用皮色鏤雕出梗葉
及纏絲。底陰刻"乾隆年製"篆書款。頂部雕一小瓜作壺
蓋，下連銅鍍金匙。古時大瓜稱"瓜"，小瓜稱"瓞"，此
壺整體造型恰合"瓜瓞綿綿"、"子孫萬代"之寓意。

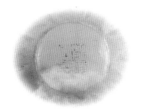

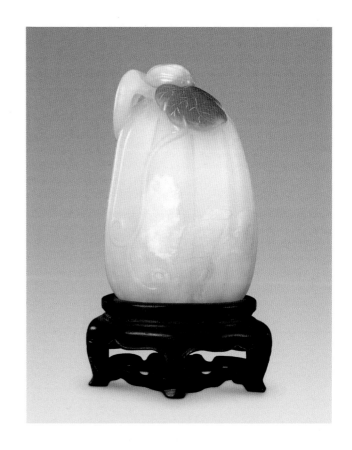

191

白玉子母葫蘆形鼻煙壺
清乾隆
通高5.5厘米　腹徑3.2厘米
清宮舊藏

White jade snuff bottle in the shape of a calabash twinned
with a small one
Qianglong Period, Qing Dynasty
Overall height: 5.5cm
Diameter of belly: 3.2cm
Qing Court collection

鼻煙壺葫蘆形，表面陰刻數道豎條紋，壺體一側鏤雕一
小葫蘆及梗葉，此造型寓"葫蘆勾藤"、"福祿萬代"之
意。下腹部陰刻"乾隆年製"隸書款。銅鍍金鑲藍寶石蓋
連銅鍍金匙。

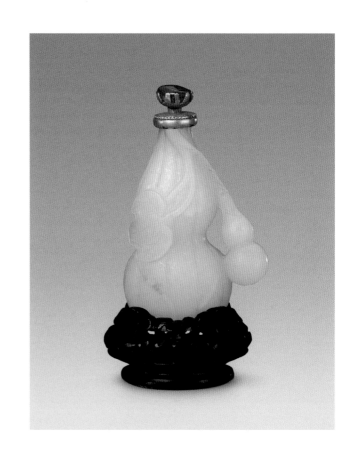

192

青玉雙螭紋鼻煙壺
清乾隆
通高5厘米　腹徑4厘米
清宮舊藏

Sapphire snuff bottle with design of two hydras
Qianlong Period, Qing Dynasty
Overall height: 5cm
Diameter of belly: 4cm
Qing Court collection

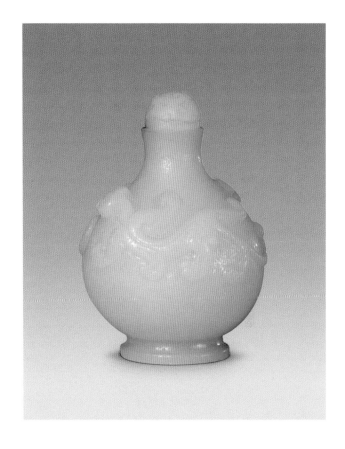

鼻煙壺圓瓶形，闊腹，圈足，玉質瑩潤如脂。壺腹部凸
雕雙螭紋，二螭首尾相接，盤繞於壺體上，似在空中盤
旋飛舞。底陰刻"乾隆年製"隸書款。淺浮雕夔龍紋玉蓋
連象牙匙。

193

青玉蟠螭紋鼻煙壺
清乾隆
通高6.3厘米　腹徑3.6厘米
清宮舊藏

Sapphire snuff bottle with design of interlaced hydra
Qianlong Period, Qing Dynasty
Overall height: 6.3cm
Diameter of belly: 3.6cm
Qing Court collection

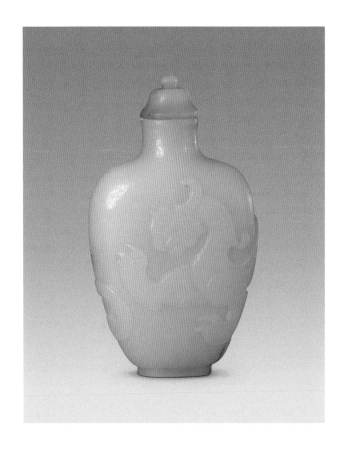

鼻煙壺扁瓶形，闊肩，斂腹，橢圓形圈足。通體凸雕一
蟠螭紋，蟠螭首尾相接，環繞於壺體，似在飛舞。底陰
刻"乾隆年製"篆書款。圓形玉蓋連銅鍍金匙。

194

青玉弦紋鼻煙壺
清乾隆
通高4.9厘米　腹徑2.9厘米
清宮舊藏

Sapphire snuff bottle with bow-string design
Qianlong Period, Qing Dynasty
Overall height: 4.9cm
Diameter of belly: 2.9cm
Qing Court collection

鼻煙壺扁瓶形，細頸，豐肩，斂腹，圈足。壺體飾弦紋
七道，底刻"乾隆年製"篆書款。玉蓋連銅匙。

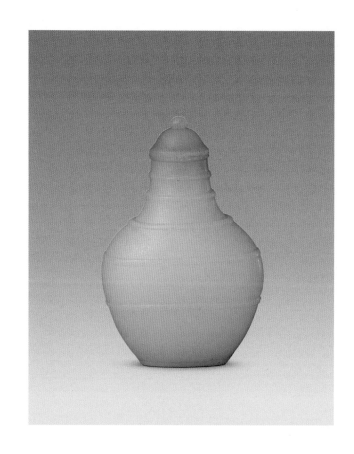

195

青玉直條紋燈籠形鼻煙壺
清乾隆
通高6厘米　腹徑3.1厘米
清宮舊藏

Sapphire snuff bottle in the shape of a lantern with stripe design
Qianlong Period, Qing Dynasty
Overall height: 6cm
Diameter of belly: 3.1cm
Qing Court collection

鼻煙壺圓筒燈籠形，圓口，圈足。通體雕刻一周直條
紋，底陰刻"乾隆年製"隸書款。圓形玉蓋連玳瑁匙。

此壺玉質上乘，造型獨特，形式新穎，做工精緻，為乾
隆時期玉製鼻煙壺的精品之一。

196

青玉御題詩鼻煙壺
清乾隆
高5.3厘米　腹徑4.5厘米

**Sapphire snuff bottle with a poem
inscribed by the emperor**
Qianlong Period, Qing Dynasty
Height: 5.3cm
Diameter of belly: 4.5cm

鼻煙壺扁瓶形，直口，平底。壺體四
面均凸起橢圓形開光，兩面開光內各
有隸書乾隆御題七言絕句一首，兩側
開光分別陰刻"乾隆甲午"、"仲春御
題"隸書款。底亦作凸起開光式。

御題詩：一庭花影月初黃，何處風來
何處香。恐誤燕歸人久坐，不關窗子
耐微寒。

淺絳深紅照碧紗，春風開到鼠姑花。
金鈴不動月初上，最愛低枝一朵斜。

197

青玉光素荸薺形鼻煙壺
清乾隆
通高3.7厘米　腹徑4.2厘米
清宮舊藏

Plain sapphire snuff bottle in the shape of a water chestnut
Qianlong Period, Qing Dynasty
Overall height: 3.7cm
Diameter of belly: 4.2cm
Qing Court collection

鼻煙壺荸薺形，圓口，鼓腹，圈足，通體光素，略有褐
色沁斑。底陰刻"乾隆年製"篆書款。紅色蜜蠟圓形鈕蓋
連銅鍍金匙。

198

青玉雙連葫蘆形鼻煙壺
清乾隆
通高6.1厘米　腹徑3.9厘米
清宮舊藏

Sapphire snuff bottle in the shape of twin-calabash
Qianlong Period, Qing Dynasty
Overall height: 6.1cm
Diameter of belly: 3.9cm
Qing Court collection

鼻煙壺雙連葫蘆形，皆直口，束腰，足呈底座式，亦相
連。底分別刻"乾隆"、"年製"款。各有嵌紅寶石雙層銅
蓋連銅匙。

這一時期玉製鼻煙壺中雙連式頗為流行，為此時期玉製
鼻煙壺的一個重要特徵。

199

青玉光素雙連鼻煙壺
清乾隆
通高5.9厘米　腹徑2.8厘米
清宮舊藏

Plain twin-snuff bottle of sapphire
Qianlong Period, Qing Dynasty
Overall height: 5.9cm
Diameter of belly: 2.8cm
Qing Court collection

鼻煙壺長瓶形，相疊成雙連式，雙圈足。通體光素無
紋，細碎的黑褐色沁斑呈帶狀分佈在壺體上。底分別刻
"乾隆"、"年製"隸書款。雙層銅蓋，鑲紅、藍寶石各一
塊。

200

碧玉獸耳鼻煙壺
清乾隆
通高5.9厘米　腹徑4.3厘米
清宮舊藏

Jasper snuff bottle decorated with two beast-shaped ears
Qianlong Period, Qing Dynasty
Overall height: 5.9cm
Diameter of belly: 4.3cm
Qing Court collection

鼻煙壺扁瓶形，橢圓形圈足。壺體光素無紋，兩側肩部雕獸耳。底陰刻"乾隆年製"篆書款。圓形碧玉蓋連象牙匙。

此碧玉鼻煙壺全套共八件，合裝於一個紫檀雕花嵌玉木盒內，盒面鑲嵌有"卍"字及蝙蝠紋玉片，寓意"萬福"。碧玉製鼻煙壺數量不多，一般以素面為主，造型古樸，製作精細，多為宮廷造辦處製作的御用品。

201

碧玉光素鼻煙壺
清乾隆
通高5.7厘米　腹徑4.5厘米
清宮舊藏

Plain jasper snuff bottle
Qianlong Period, Qing Dynasty
Overall height: 5.7cm
Diameter of belly: 4.5cm
Qing Court collection

鼻煙壺扁瓶形，圓口，橢圓形圈足。通體光素無紋飾，
有黑色沁斑。底陰刻"乾隆年製"篆書款。草帽形碧玉圓
蓋連象牙匙。

此鼻煙壺與圖200為一套器物。

202

碧玉結繩紋鼻煙壺
清乾隆
通高6.7厘米　腹徑4.5厘米
清宮舊藏

Jasper snuff bottle with cord design
Qianlong Period, Qing Dynasty
Overall height: 6.7cm
Diameter of belly: 4.5cm
Qing Court collection

鼻煙壺扁瓶形，圓口，橢圓形圈足。玉色深碧略有黑
斑，壺體雕結繩紋。底陰刻"乾隆年製"篆書款，圓形碧
玉蓋連象牙匙。

此壺仿漢代銅壺式樣，線條優美，技法簡練，碾琢精
細，為乾隆時期玉質鼻煙壺中工藝水平較高的作品。

此鼻煙壺與圖200為一套器物。

203

白玉鑲碧玉蒂茄形鼻煙壺
清中期
通高8.3厘米　腹徑3厘米

White jade snuff bottle in the shape of an eggplant inlaid with jasper calyx
Middle Qing Dynasty
Overall height: 8.3cm
Diameter of belly: 3cm

鼻煙壺長茄形，通體潔白光滑，無瑕無斑，肩部鑲以碧玉花葉為萼托，醬色瑪瑙茄蒂形蓋連象牙匙。

此壺玉質上乘，溫潤如羊脂，雕琢工藝精湛，造型生動逼真，為清代中期典型的宮廷作品。

204

白玉瓜形鼻煙壺
清中期
長5.5厘米　腹徑3.7厘米
清宮舊藏

White jade snuff bottle in the shape of a melon
Middle Qing Dynasty
Length: 5.5cm
Diameter of belly: 3.7cm
Qing Court collection

鼻煙壺瓜形，通體淺浮雕藤蔓枝葉，小瓜數枚及蝴蝶等紋飾，寓意"瓜瓞綿綿"。另配紅木座，鏤空雕花葉怪石紋，與鼻煙壺色彩形成深淺對比，起了烘托作用。

此壺白玉製成，似經灼燒，呈骨白色，較乾枯，表面有細微裂紋。

205

白玉桃形鼻煙壺
清中期
通高4.8厘米　腹徑4.4厘米
清宮舊藏

White jade snuff bottle in the shape of a peach
Middle Qing Dynasty
Overall height: 4.8cm
Diameter of belly: 4.4cm
Qing Court collection

鼻煙壺扁桃形，局部有皮色，肩部有凸雕的枝葉。以桃實為造型寓意"長壽"。雕桃枝白玉蓋連銅鍍金匙。

206

白玉獸面啣環勾雲紋鼻煙壺
清中期
通高7厘米　腹徑3.4厘米
清宮舊藏

White jade snuff bottle with design of cloud and animal mask holding a ring in its mouth
Middle Qing Dynasty
Overall height: 7cm
Diameter of belly: 3.4cm
Qing Court collection

鼻煙壺扁瓶形，直口，橢圓形圈足。壺體兩面均雕仿古勾雲紋，兩側雕獸面啣環紋。珊瑚蓋連象牙匙。下配以精緻的紅木座。

此壺為一對，皆白玉製成，雕琢精細，做工精良，其紋飾為典型的清代仿古圖紋。

207

白玉雙夔捧壽紋鼻煙壺
清中期
通高4.9厘米　腹徑3.3厘米
清宮舊藏

White jade snuff bottle with design of double Kui-dragon
surrounding a character "Shou" (longevity)
Middle Qing Dynasty
Overall height: 4.9cm
Diameter of belly: 3.3cm
Qing Court collection

鼻煙壺圓罐形，圈足。壺體兩面淺浮雕雙夔捧 "壽" 字，
圖紋寓意吉祥。兩側肩部雕獸面啣環。雙層銅鍍金嵌紅
寶石蓋連銅鍍金匙。足下配圓形鏤雕紅木座。

208

白玉帶皮蟠螭紋葫蘆形鼻煙壺
清中期
通高7厘米　腹徑3.4厘米
清宮舊藏

Calabash-shaped white jade snuff bottle with design of
interlaced hydra
Middle Qing Dynasty
Overall height: 7cm
Diameter of belly: 3.4cm
Qing Court collection

鼻煙壺葫蘆形，腰部雕繫帶紋，壺體一面帶皮色，利用
此紅皮色雕蟠螭紋，蟠螭身體輾轉扭曲，四肢伸展，似
在向上攀爬，形象生動傳神。銅鍍金鑲珊瑚蓋連象牙
匙。

利用玉的外皮色、局部的沁色或玉的色差加工琢磨出新
穎的圖紋，一般稱作 "俏色" 或 "巧作"，是清代特別是乾
隆時期玉器工藝的特色。

209

白玉帶皮龍翔鳳翥紋鼻煙壺
清中期
通高6.7厘米　腹徑4.6厘米
清宮舊藏

White jade snuff bottle with characters
"Long Xiang Feng Zhu" (dragons flying
and phoenixes dancing)
Middle Qing Dynasty
Overall height: 6.7cm
Diameter of belly: 4.6cm
Qing Court collection

鼻煙壺扁瓶形。肩部雕夔龍紋，壺體
一面帶皮色，淺浮雕鸞鳳紋，另一面
雕"龍翔鳳翥"篆書四字，下有圓形
"賞心"及方形"樂事"篆書款識。圓形
玉蓋。

此壺巧用皮色，紅色祥禽瑞獸生動自
然，寓意吉祥，且以篆書文字相襯，更
顯得古樸儒雅。以龍鳳為紋飾的鼻煙
壺，是宮廷的御用器物，非民間所有。

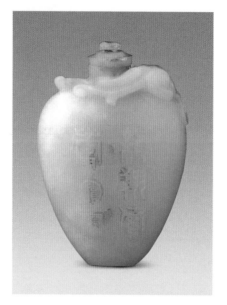

210

白玉帶皮紅霞晴雪鼻煙壺
清中期
通高7.7厘米　腹徑5.1厘米
清宮舊藏

White jade snuff bottle with beautiful
colours reflecting each other
Middle Qing Dynasty
Overall height: 7.7cm
Diameter of belly: 5.1cm
Qing Court collection

鼻煙壺扁瓶形，壺體一面白如凝脂，
另一面帶皮色，紅如明霞，紅白相
映，似紅霞晴雪，頗具意境。桃紅色
碧璽蓋連象牙匙。

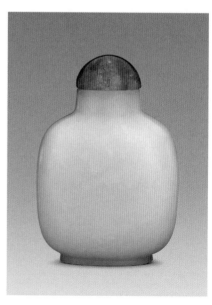

211

白玉帶皮躍鯉圖鼻煙壺
清中期
通高7.5厘米　腹徑4.8厘米
清宮舊藏

White jade snuff bottle with design of swimming carp
Middle Qing Dynasty
Overall height: 7.5cm
Diameter of belly: 4.8cm
Qing Court collection

鼻煙壺扁瓶形，垂肩，平底。壺體巧用玉的皮色雕琢成
一尾鯉魚躍於波濤之中，紅鯉白浪，極其鮮明逼真，寓
意"鯉魚躍龍門"。翠蓋連象牙匙。

此壺雕工精緻，形象鮮活，用色出巧，是鼻煙壺中的精
彩之作。

212

白玉夔鳳紋鼻煙壺
清中期
通高8.5厘米　腹徑5.3厘米
清宮舊藏

White jade snuff bottle carved with design of Kui-phoenixes
Middle Qing Dynasty
Overall height: 8.5cm
Diameter of belly: 5.3cm
Qing Court collection

鼻煙壺扁瓶形，橢圓形圈足。壺體兩面皆雕夔鳳紋，夔
鳳纏繞盤捲，似在空中飛舞。銅鍍金鑲紅寶石蓋連象牙
匙。

此壺刀工簡練，雕刻精細，紋飾線條優美，頗有力度。

213

白玉仙人圖鼻煙壺

清中期
通高7.4厘米　腹徑3.5厘米
清宮舊藏

White jade snuff bottle with celestial design within reserved panels in relief
Middle Qing Dynasty
Overall height: 7.4cm
Diameter of belly: 3.5cm
Qing Court collection

鼻煙壺扁瓶形，橢圓形底。壺體兩面減地開光，一面淺浮雕"劉海戲蟾"，表現民間傳說劉海戲三足金蟾情景，此題材寓意"財源興旺"。後署"指日高升"楷書款及"志"、"之"、"印"三枚篆書小印。另一面淺浮雕麻姑壽星，表現傳說中的長壽仙人麻姑和壽星，寓意"吉祥長壽"。底微凹，有篆書"繹堂"二字。松石蓋。

"繹堂"為那彥成(1764－1833)之號，那彥成姓章佳氏，字韶九，一字東甫，滿洲正白旗人，乾隆五十四年(1789)進士，書法家。

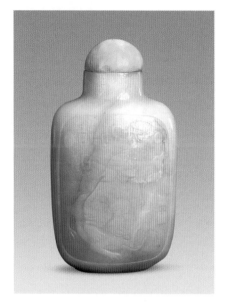
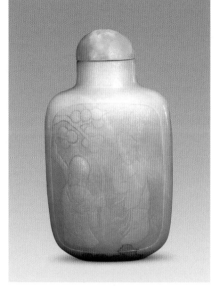

214

白玉柳編紋鼻煙壺

清中期
通高5.7厘米　腹徑4.9厘米
清宮舊藏

White jade snuff bottle with design of weaving wicker
Middle Qing Dynasty
Overall height: 5.7cm
Diameter of belly: 4.9cm
Qing Court collection

鼻煙壺漁簍形，圓形斂口，橢圓形斂足。通體雕致密的柳編紋，其凸起大小不等，形同真實漁簍。口沿下及足外均陰刻繩紋一周。銅鍍金嵌紫紅色寶石蓋連象牙匙。

此壺材質純淨無瑕，雕琢技法高超，暗含"漁樵於江渚"之意，極為寫意。

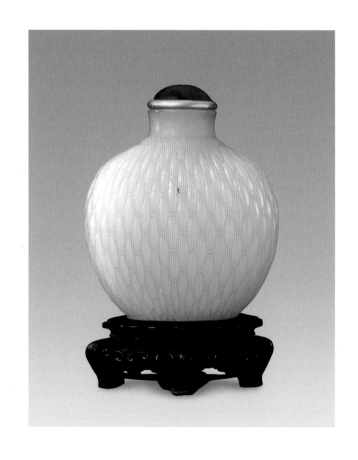

215

白玉赤壁圖鼻煙壺
清中期
通高6.5厘米　腹徑4.9厘米
清宮舊藏

White jade snuff bottle carved with
verses excerpted from the ode to the
Red Cliffdesign of white plum blossom
over a purple ground
Middle Qing Dynasty
Overall height: 6.5cm
Diameter of belly: 4.9cm
Qing Court collection

鼻煙壺扁瓶形，橢圓形底。壺體一面
淺刻山水人物，小舟一葉，有船夫撐
船，四人圍坐，談笑風生，明月當
空，懸崖垂松。另一面重圈開光，內
凸雕蘇軾《前赤壁賦》之章句："白露
橫江　水光接天　縱一葦之所如　凌萬頃
之茫然　右節錄前赤壁賦"。珊瑚蓋連
象牙匙。

216

白玉贔屓形鼻煙壺
清中期
長5.4厘米　寬4.2厘米

White jade snuff bottle in the shape of Bixi (a strange animal)
Middle Qing Dynasty
Length: 5.4cm
Width: 4.2cm

鼻煙壺扁方形，雕成贔屓狀，此異獸生有龍首、龜身、獅
足、鹿尾。腹內中空，口啣珊瑚蓋連象牙匙。

此壺仿"龍生九子"中贔屓之形象雕琢而成。據明代徐應秋
《玉芝堂談薈》載："龍生九子不成龍，各有所好。……霸下
（通稱贔屓），平生好負重，今碑座獸是遺像。"

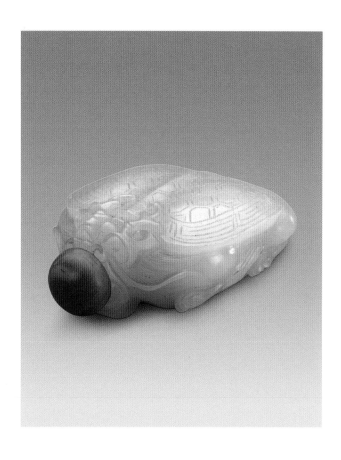

217

白玉蟬形鼻煙壺
清中期
長7.5厘米　寬3.8厘米

White jade snuff bottle in the shape of a cicada
Middle Qing Dynasty
Length: 7.5cm
Width: 3.8cm

鼻煙壺蟬形，體腔較小，壁厚實。雕刻極為精細，將蟬之眼、背的凹凸，腹節的構造，翼的輕巧，尤其是屈曲的蟬足及柔軟的下腹，均一一生動地體現出來。蟬口含綠色料蓋，如嫩枝狀，更是添彩之筆。

此壺由於長期使用，壺內粘有煙末，使蟬的身體部分顯得顏色稍深，而翼部青亮半透明，增加了作品的趣味性。

218

白玉帶皮金魚形鼻煙壺
清中期
長7.4厘米　厚1.6厘米
清宮舊藏

White jade snuff bottle in the shape of a goldfish
Middle Qing Dynasty
Length: 7.4cm
Thickness: 1.6cm
Qing Court collection

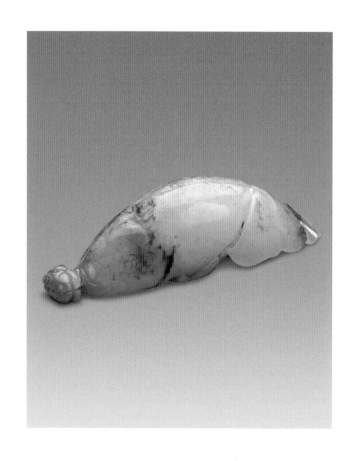

鼻煙壺金魚形，魚嘴為壺口，魚背弓起，斂尾，造型惟妙惟肖。玉料之瑕疵被巧作成頭與身的自然過渡，黃褐皮色留於背脊、鰓、尾等處，豐富了色澤肌理的變化。綠色小蟾蜍形翠蓋連象牙匙。

219

白玉雙繫荷包形鼻煙壺
清中期
通高4.3厘米　腹徑3.6厘米
清宮舊藏

Two-eared white jade snuff bottle in the shape of a pouch
Middle Qing Dynasty
Overall height: 4.3cm
Diameter of belly: 3.6cm
Qing Court collection

鼻煙壺荷包形，小口，扁圓腹，平底。通體光素，兩側
肩上有橋形繫。圈鈕白玉蓋。另配紅木座。

此壺玉質瑩潤光澤，器型豐滿，不事雕琢紋飾，格調高
雅，是玉製鼻煙壺中的上乘之作。

220

白玉光素鼻煙壺
清嘉慶
通高6厘米　腹徑4.3厘米
清宮舊藏

Plain white jade snuff bottle
Jiaqing Period, Qing Dynasty
Overall height: 6cm
Diameter of belly: 4.3cm
Qing Court collection

鼻煙壺直口，圓肩，扁圓腹。通體光素無紋，純以玉質
的光澤與細潤取勝。鑲紅珊瑚銅蓋。

此壺最有價值之處是原內府黃條尚存，其上用墨筆題寫
"嘉慶十六年（1811）閏三月二十六日收五台帶來"並"白
玉鼻煙壺一個"、"三等"等字樣。

221

青玉瓜形鼻煙壺
清中期
通高7厘米　腹徑4厘米

Sapphire snuff bottle in the shape of a balsam pear
Qing Dynasty
Overall height: 7cm
Diameter of belly: 4cm

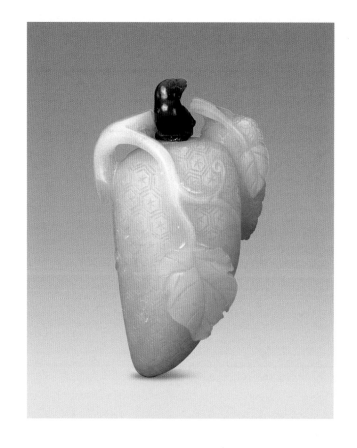

鼻煙壺瓜形。通體琢極細的龜背紋錦地，肩部凸雕一小
瓜及鏤空蔓葉。寓"瓜瓞綿綿"、"子孫昌盛"之意。碧玉
小鳥形蓋連象牙匙。

此鼻煙壺以青玉製成，雕琢極其精緻，大瓜成熟，小瓜
嬌嫩，再配以碧玉小鳥形蓋，似小鳥立於瓜上，別具特
色。

222

青玉帶皮芝蝠紋葫蘆形鼻煙壺
清中期
通高6厘米　腹徑3.7厘米
清宮舊藏

Calabash-shaped sapphire snuff bottle carved with design of
magic fungus and bats
Middle Qing Dynasty
Overall height: 6cm
Diameter of belly: 3.7cm
Qing Court collection

鼻煙壺葫蘆形，腰部凸雕綹帶紋，束靈芝一枝，近底處
雕蝙蝠紋。靈芝及蝙蝠均巧妙地利用皮色，生動傳神。
蘆與"祿"、蝠與"福"諧音，靈芝為仙草，可以延年益
壽，故此造型寓"福、祿、壽"之意。鑲紅珊瑚銅蓋。

223

青玉餒金葫蘆形鼻煙壺
清中期
通高8厘米　腹徑4.3厘米
清宮舊藏

Calabash-shaped sapphire snuff bottle filled in with gold
Middle Qing Dynasty
Overall height: 8cm
Diameter of belly: 4.3cm
Qing Court collection

鼻煙壺扁體葫蘆形，圓口，束腰，平底。壺體下部淺刻
瘦竹二莖，上部為盤繞的藤蔓枝葉及垂掛的小葫蘆，刻
紋餒金彩，寓"葫蘆勾藤"之意。鑲珊瑚帶鈕銅蓋連象牙
匙。

224

青玉蝴蝶甲蟲紋瓜形鼻煙壺
清中期
通高6厘米　腹徑5厘米
清宮舊藏

Melon-shaped sapphire snuff bottle carved with design of butterfly and beetle in relief
Middle Qing Dynasty
Overall height: 6cm
Diameter of belly: 5cm
Qing Court collection

鼻煙壺瓜形，通體浮雕梗葉纏繞，花朵綻放，一隻蝴蝶
在空中飛舞，梗葉下方有一隻甲蟲伏臥，造型生動逼
真。以瓜、蝶組合的紋飾，寓意"瓜瓞綿綿"。紫碧璽蓋
連象牙匙。

225

青玉蝴蝶紋瓜形鼻煙壺
清中期
通高5.5厘米　腹徑4厘米
清宮舊藏

Sapphire snuff bottle in the shape of a melon with butterfly design
Middle Qing Dynasty
Overall height: 5.5cm
Diameter of belly: 4cm
Qing Court collection

鼻煙壺瓜形，壺體上雕瓜的枝梗蔓葉及飛舞的蜜蜂和蝴蝶各一隻，寓"瓜瓞綿綿"之意。玉製小花形蓋連銅鍍金匙。

以瓜和蝶組成的"瓜瓞綿綿"圖紋，寓意吉祥，在清代的民間與宮廷作品中被廣泛應用，十分普及。

226

青玉光素瓜形鼻煙壺
清中期
通高7厘米　腹徑3.8厘米
清宮舊藏

Plain sapphire snuff bottle in the shape of a melon
Middle Qing Dynasty
Overall height: 7cm
Diameter of belly: 3.8cm
Qing Court collection

鼻煙壺瓜形，通體光素無紋，局部有皮色。珊瑚雕樹枝及花朵形蓋連象牙匙。

清代乾隆時期的玉製品提倡"良材不琢"，即要保證玉器通體光素不加修飾，純以玉的優良質地取勝，這種琢玉風格也體現在玉鼻煙壺的製作上。

227

青玉葡萄形鼻煙壺
清中期
通高7厘米　腹徑3.3厘米
清宮舊藏

Sapphire snuff bottle in the shape of a cluster of grapes
Middle Qing Dynasty
Overall height: 7cm
Diameter of belly: 3.3cm
Qing Court collection

鼻煙壺葡萄串形，雕刻的葡萄果實飽
滿，以褐色沁巧作為葡萄枝葉，包裹
了壺體大半部，避免了果實的單調雷
同，增強了整體的裝飾效果。葡萄多
子，以之為造型即富"多子"之意。碧
玉蟠螭紋蓋連象牙匙。

228

青玉百壽字鼻煙壺
清中期
通高6.3厘米　腹徑4.1厘米
清宮舊藏

Sapphire snuff bottle with a hundred characters "Shou" (longevity)
Middle Qing Dynasty
Overall height: 6.3cm
Diameter of belly: 4.1cm
Qing Court collection

鼻煙壺扁瓶形，敞口，平底。壺體兩
面均凸雕團壽紋，排列緊密而行距不
亂，小如蠅頭卻筆筆不苟。兩側面亦
琢"壽"字，呈方形，與狹長的側面相
適應。嵌珊瑚帶鈕銅蓋。

此壺入手輕薄，正側面相接處有明顯
折角，而非圓潤過渡，可謂匠心獨
運。

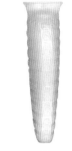

229

青玉袱繫紋百壽字鼻煙壺
清中期
高5厘米　腹徑4.2厘米
清宮舊藏

Sapphire snuff bottle with brocade buckle design and a hundred characters "Shou"(longevity)
Middle Qing Dynasty
Height: 5cm
Diameter of belly: 4.2cm
Qing Court collection

鼻煙壺扁瓶形，外表有墨色沁斑。壺體兩面開光內凸雕團壽紋，淺刻的錦波紋貫通肩、腹部，並於當中挽一花結。

此鼻煙壺形體秀美，雕琢精細，是清中期玉質鼻煙壺中的佳作。

230

青玉上林瓦當紋鼻煙壺
清中期
高5.1厘米　腹徑4.3厘米
清宮舊藏

White jade snuff bottle with design of eaves tile and two characters "Shang Lin"
Middle Qing Dynasty
Height: 5.1cm
Diameter of belly: 4.3cm
Qing Court collection

鼻煙壺扁瓶形，口沿微內傾，直頸，平底。壺體兩面雕漢瓦當紋，凸雕重圈，中間加橫線分割為上下兩半圓，並雕"上林"二篆字，體現出復古的審美情趣。

"上林"即上林苑，是漢武帝（公元前140－公元前87年）在秦上林苑舊址上擴建的宮苑，其遺址位於今陝西省西安市。

231

青玉桃蝠紋獸面啣環耳鼻煙壺
清中期
通高6.7厘米　腹徑4.8厘米
清宮舊藏

**Sapphire snuff bottle with two animal-
shaped ears holding a ring in its mouth
with peach and bat design**
Middle Qing Dynasty
Overall height: 6.7cm
Diameter of belly: 4.8cm
Qing Court collection

鼻煙壺扁瓶形。壺體兩面分別雕蝙蝠
啣桃枝及蝙蝠靈芝，寓意"福壽如
意"。兩側肩部雕獸面啣環耳。銅蓋
以魚子紋及花葉紋為地，上凸起鑲嵌
各色寶石，中間為紅寶石，周圍是青
金石、珊瑚、綠松石，組成梅花形，
十分別致。蓋下連銅匙。

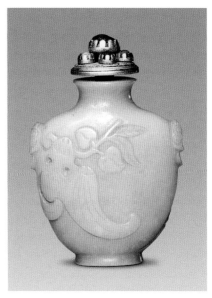

232

青玉花蝶圖鼻煙壺
清中期
通高7.5厘米　腹徑5.4厘米
清宮舊藏

Sapphire snuff bottle with design of flowers and butterflies
Middle Qing Dynasty
Overall height: 7.5cm
Diameter of belly: 5.4cm
Qing Court collection

鼻煙壺扁瓶形，直口，平底。壺體兩面凸雕蘭花、海棠
花及飛舞的蜜蜂、蝴蝶等紋飾，表現出春意盎然的景
象，寓意吉祥。銅鍍金鑲珊瑚蟠螭紋蓋連象牙匙。

233

青玉椿馬圖鼻煙壺
清中期
通高8厘米　腹徑4.8厘米

Painted enamel snuff bottle with design
of white plum blossom over a purple
ground
Middle Qing Dynasty
Overall height: 8cm
Diameter of belly: 4.8cm

鼻煙壺扁瓶形，橢圓形圈足。壺體兩
面開光，一面凸雕《立椿拴馬圖》，椿
樹被視為長壽之木，古人常以"椿
年"、"椿齡"為祝頌長壽之詞。另一
面凸雕"三羊開泰"圖，以三羊寓"三
陽開泰"之意。瑪瑙蓋連象牙匙。

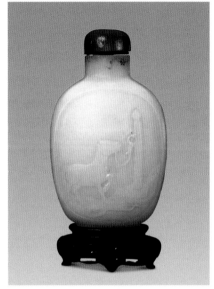

234

青玉梅花詩句鼻煙壺　郗寶
清中期
通高6.2厘米　腹徑4.2厘米

Sapphire snuff bottle carved with plum
blossom and verses By Xi Bao
Middle Qing Dynasty
Overall height: 6.2cm
Diameter of belly: 4.2cm

鼻煙壺扁瓶形，玉璧形口沿，直頸，
平底。壺體一面刻梅花，梅枝枯瘦勁
健，作者以刀代筆，以細碎的筆觸皴
擦出乾澀的枝葉效果。另一面刻陰文
隸書詩句："籬根玉瘦兩三枝　為繞冷
香戀不歸　安得密林千畝月　仰暝吹笛
看花飛"。後有"迁村"、"手藝"篆書
印。

郗寶，號迁村，清乾隆時人，祖籍山
西屯留，書法家。

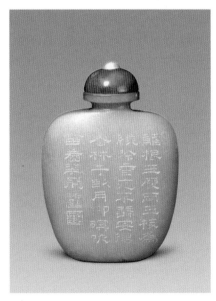

235

青玉蝠形鼻煙壺
清中期
通高5.5厘米　腹徑5.3厘米

Sapphire snuff bottle in the shape of a bat
Middle Qing Dynasty
Overall height: 5.5cm
Diameter of belly: 5.3cm

鼻煙壺蝙蝠形，蝙蝠嘴為壺口。為適應鼻煙壺之功用，
壺體的雕琢作了必要的簡化和誇張，突出眼、翅兩個部
位，簡略了其他部位。在翅膜的表現上，僅以淺淺的凹
槽示意，頗具匠心。青金石蓋連象牙匙。

236

青玉雙魚形鼻煙壺
清中期
長9.9厘米　寬4.3厘米　厚1.5厘米
清宮舊藏

Sapphire snuff bottle in the shape of double-fish
Middle Qing Dynasty
Length: 9.9cm
Width: 4.3cm
Thickness: 1.5cm
Qing Court collection

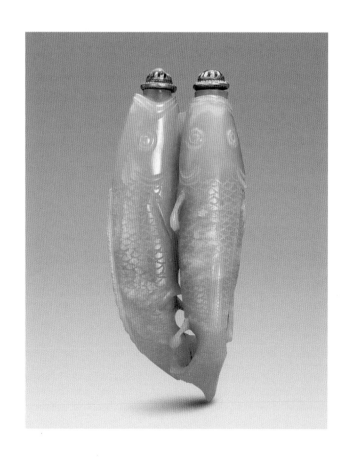

鼻煙壺雙魚形，魚嘴即壺口。雙魚腹部相疊，其胸、
腹、尾部有多處鏤空，造型頗具裝飾意味。兩口分別配
以鑲紅、藍寶石銅蓋。

此壺尤可推許的是其雙魚取勢為一正一側，故從各個角
度觀看，雙魚姿態均不相同，從中可見作者的匠心獨
運。

237

青玉蓮花紋罐形鼻煙壺
清中期
通高4.5厘米　腹徑3.8厘米

Jar-shaped sapphier snuff bottle with lotus design
Middle Qing Dynasty
Overall height: 4.5cm
Diameter of belly: 3.8cm

鼻煙壺罐形，圓腹，平底。壺體雕通景蓮花、蓮葉及蘆葦等紋飾。頸部凸起一周呈環狀。嵌盤螭紋套料象牙蓋連象牙匙。

此壺圓融穩重，紋飾清新得體，與牙蓋相得益彰。其形製似仿自匏製蟲籠並加以變異而成。

238

黃玉三繫鼻煙壺
清中期
通高7.8厘米　腹徑2.7厘米

Three-looped yellow jade snuff bottle
Middle Qing Dynasty
Overall height: 7.8cm
Diameter of belly: 2.7cm

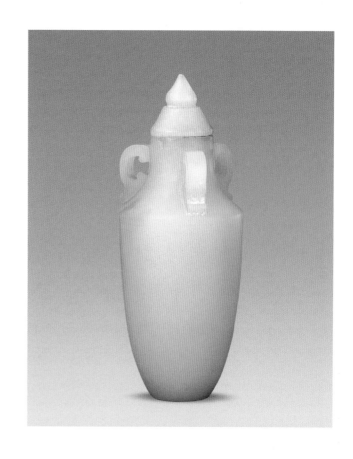

鼻煙壺長瓶形，圓形斂足。通體光素無紋，僅在局部見褐色沁斑，肩部鏤空凸雕三繫，可拴繩繫掛。圓形尖頂黃玉蓋連象牙匙。

此壺玉質純淨溫潤，工藝簡潔，不事雕琢，為罕見的黃玉佳作。

239

白玉菊花詩句鼻煙壺
清晚期
通高6厘米　腹徑3.1厘米

White jade snuff bottle carved with chrysanthemum and verses
Late Qing Dynasty
Overall height: 6cm
Diameter of belly: 3.1cm

鼻煙壺扁瓶形，直口，削肩，圈足。壺體一面淺刻菊花、湖石，另一面刻詩句："嬌染非灣巧　新題號聚芳　信風都不用　已是女夷囊"。詩後有"行有恆堂"款識。

行有恆堂為清宗室載銓之堂名，此壺當為其所藏。

240

青玉描金花葉紋鼻煙壺
清晚期
通高5.8厘米　腹徑3.7厘米
清宮舊藏

Sapphire snuff bottle with flower-leaf design drawn in gold lacquer
Late Qing Dynasty
Overall height: 5.8cm
Diameter of belly: 3.7cm
Qing Court collection

鼻煙壺小口，直頸，腹部扁方，撇足。頸、肩及足描金，肩、足部以金、紅二色漆飾花葉紋。兩側各凸起一凹槽式耳。

此壺造型特異，紋飾似摹仿痕都斯坦玉器的裝飾風格，然"痕玉"多嵌錯工藝，故此壺只略仿其意而已。

241

翠玉光素鼻煙壺
清中期
通高6.5厘米　腹徑4.6厘米
清宮舊藏

Plain jadeite snuff bottle
Middle Qing Dynasty
Overall height: 6.5cm
Diameter of belly: 4.6cm
Qing Court collection

鼻煙壺扁瓶形，扁圓腹，平底。顏色深綠，略有褐色沁
斑，通體光素無紋飾，銅鍍金托嵌紅寶石蓋連象牙匙。

翡翠是一種天然礦石，亦稱翠玉，主要產於緬甸，紅色
稱翡，綠色稱翠。因其性質堅硬，故翡翠鼻煙壺多不雕
琢紋飾，而以光素為主，清代中晚期尤為盛行。

242

翠玉光素鼻煙壺
清中期
通高6.6厘米　腹徑5厘米
清宮舊藏

Plain jadeite snuff bottle
Middle Qing Dynasty
Overall height: 6.6cm
Diameter of belly: 5cm
Qing Court collection

鼻煙壺扁瓶形，直口，平底。通體鮮綠色間以白色，光
素無紋飾。銅鍍金托嵌粉碧璽蓋連銅鍍金匙。

243

翠玉光素鼻煙壺
清中期
通高6.6厘米　腹徑5.3厘米
清宮舊藏

Plain jadeite snuff bottle
Middle Qing Dynasty
Overall height: 6.6cm
Diameter of belly: 5.3cm
Qing Court collection

鼻煙壺扁瓶形，敞口，平底略內凹。通體鮮碧色間以白
色，光素無紋飾。銅鍍金托嵌粉白碧璽蓋連銅鍍金匙。

244

瑪瑙茄形鼻煙壺
清乾隆
通高4厘米　腹徑2.2厘米
清宮舊藏

Agate snuff bottle with in the shape of an eggplant
Qianlong Qing Dynasty
Overall height: 4cm
Diameter of belly: 2.2cm
Qing Court collection

鼻煙壺茄形，橢圓形平底。通體光素無紋，底陰刻"乾隆
年製"篆書款。暗綠色瑪瑙茄蒂形蓋連象牙匙，配紅木
座。

瑪瑙是一種在天然岩石的空洞或裂縫中沉澱而成的石
髓，根據其形成的不同紋理，可以分為纏絲瑪瑙、苔紋
瑪瑙、雲霧瑪瑙等品種。

245

瑪瑙荷包式鼻煙壺
清中期
通高7.1厘米　腹徑5.1厘米

Agate snuff bottle in the shape of a pouch
Middle Qing Dynasty
Overall height: 7.1cm
Diameter of belly: 5.1cm

鼻煙壺扁方形。壺體上部為金黃色，陰刻豎條紋共22道，近蓋口處收縮成荷包式。壺體下部為白色，幾近半透明。陰刻豎條紋藍色晶石蓋連象牙匙。

此鼻煙壺壺體上下黃白兩色分明，加上藍色晶石蓋，顏色頗為鮮艷，玲瓏剔透，別有情趣。

246

瑪瑙天然水藻紋鼻煙壺
清中期
高5.5厘米　腹徑4.6厘米

Agate snuff bottle with natural algae design
Middle Qing Dynasty
Height: 5.5cm
Diameter of belly: 4.6cm

鼻煙壺扁瓶形，橢圓形圈足。通體光素，灰色瑪瑙上天然形成的黑色斑紋，富於變幻，動感異常，被巧妙利用為裝飾圖紋，宛若水中隨流飄動的水草，又似濃霧中隱現的蒼松，意境獨到。

247

瑪瑙天然渦紋鼻煙壺
清中期
通高6.2厘米　腹徑4.4厘米
清宮舊藏

Agate snuff bottle with natural whorl design
Middle Qing Dynasty
Overall height: 6.2cm
Diameter of belly: 4.4cm
Qing Court collection

鼻煙壺扁瓶形。通體以灰色為主調，天然形成數層同心
圓式渦紋，其色各異，線條細若蠶絲，近於舊說所謂“纏
絲瑪瑙”的式樣。翠蓋。

此鼻煙壺色彩效果奇妙、美不勝收，為瑪瑙鼻煙壺之精
品。

248

瑪瑙天然行舟圖鼻煙壺
清中期
通高7.5厘米　腹徑5.2厘米

Floral agate snuff bottle with design of fishing boat
Middle Qing Dynasty
Overall height: 7.5cm
Diameter of belly: 5.2cm

鼻煙壺扁瓶形，橢圓形圈足。壺體的天然黑色斑紋恰似
湖水中之一葉扁舟，船家正欲撒網捕魚，塊塊黑色礁石
露出水面。水天一色，天水相連，宛如一幅天然水墨
畫，令人叫絕。銅鍍金托嵌紅色珊瑚蓋連象牙匙。

249

瑪瑙天然歸舟圖鼻煙壺
清中期
通高6.5厘米　腹徑4.2厘米
清宮舊藏

Agate snuff bottle with design of a boot returning to fishing port
Middle Qing Dynasty
Overall height: 6.5cm
Diameter of belly: 4.2cm
Qing Court collection

鼻煙壺扁瓶形，橢圓形平底。壺體一面有天然形成的黑色斑紋，斑紋略微內凹，其形狀好似漁港歸舟，又似樹叢茂林，別有韻味，另一面光素無紋。紅色瑪瑙蓋連象牙匙。

250

瑪瑙天然梅花紋鼻煙壺
清中期
通高6厘米　腹徑4.3厘米

Agate snuff bottle with natural plum blossom design
Middle Qing Dynasty
Overall height: 6cm
Diameter of belly: 4.3cm

鼻煙壺扁瓶形，直口，橢圓形圈足。通體光素，灰褐色中帶有天然形成的如朵朵白色梅花般的花紋，恰似一枝枝寒梅傲雪盛開。淺綠色染牙嵌淡粉色碧璽蓋連玳瑁匙。

251

瑪瑙巧作雙獸紋鼻煙壺
清中期
高6厘米　腹徑4.8厘米
清宮舊藏

Agate snuff bottle carved with design of two animals in relief
Middle Qing Dynasty
Height: 6cm
Diameter of belly: 4.8cm
Qing Court collection

鼻煙壺扁瓶形，直口，橢圓形圈足。壺體一面利用瑪瑙
外皮的形狀和顏色凸雕雙獸紋，雙獸一上一下，首尾相
接，似在嬉戲。兩側面陰刻鳥紋及柿果紋。

252

瑪瑙巧作鸞鳳鯤鵬紋鼻煙壺
清中期
高7厘米　腹徑5.5厘米
清宮舊藏

**Agate snuff bottle with design of
phoenix and roc**
Middle Qing Dynasty
Height: 7cm
Diameter of belly: 5.5cm
Qing Court collection

鼻煙壺扁瓶形，橢圓形圈足，壺體白
色中帶有黃褐色沁斑及部分皮色，一
面凸雕鸞鳳展翅飛翔，口中啣一桃
枝，寓意"青鸞獻壽"；另一面凸雕鯤
鵬立於巨石之上，俯身凝視下面的波
濤與紅日，寓意"鵬程萬里"。

此壺的鸞鳳、鯤鵬、巨石、海水、紅
日和空中的祥雲皆巧妙地利用瑪瑙留
下的皮色來表現，色彩鮮明，富於變
化，可謂匠心獨運。

253

瑪瑙巧作蟾月圖鼻煙壺
清中期
通高7.7厘米　腹徑5.5厘米
清宮舊藏

Agate snuff bottle with design of a toad and the moon
Middle Qing Dynasty
Overall height: 7.7cm
Diameter of belly: 5.5cm
Qing Court collection

鼻煙壺扁瓶形，直口，橢圓形圈足。壺體淡褐色，天然
形成的細密且不規則的暗紅色絲狀紋飾若隱若現，其天
然紋理被巧作為一蟾蜍伏於石上，口中吞吐煙雲，並襯
以圓月。雲、月、蟾及石上靈芝均呈紅赭色。碧璽蓋連
象牙匙。

此壺線條宛轉靈動，刻劃工巧入微，是瑪瑙鼻煙壺之代
表作。

254

瑪瑙青棗形鼻煙壺
清中期
通高4厘米　腹徑1.9厘米
清宮舊藏

Agate snuff bottle in the shape of a jujube
Middle Qing Dynasty
Overall height: 4cm
Diameter of belly: 1.9cm
Qing Court collection

鼻煙壺棗形，大小與實物相仿。通體綠色中略含紅斑，
宛如一顆生長中由青變紅的小棗。綠色染牙果蒂形蓋連
象牙匙。

此壺造型圓熟規整，做工精細，小巧玲瓏，形象逼真。

255

瑪瑙蜜棗形鼻煙壺
清中期
通高8厘米　腹徑4.8厘米

Agate snuff bottle in the shape of a jujube
Middle Qing Dynasty
Overall height: 8cm
Diameter of belly: 4.8cm

鼻煙壺棗形。通體暗紅色，粗糙的外皮上滿飾陰刻的條紋，恰如一顆炮製過的金絲蜜棗，其上留有多塊瑪瑙外皮雕成棗花為裝飾。綠料蓋。

此壺是利用瑪瑙的天然色澤和形態巧妙雕琢而成，造型規整，工藝高超，形象逼真，實為佳作。

256

瑪瑙天然紋葫蘆形鼻煙壺
清中期
高5.8厘米　腹徑3.2厘米
清宮舊藏

Veined agate snuff bottle in the shape of a calabash
Middle Qing Dynasty
Height: 5.8cm
Diameter of belly: 3.2cm
Qing Court collection

鼻煙壺葫蘆形，束腰，雙圓腹，平底。通體光素，未雕琢紋飾，只有瑪瑙自身天然形成的灰、白、黃、褐等色的紋理。無蓋匙。

此壺的製作秉承了清代玉石類工藝品所奉行的"良材不琢"，純以原料質地取勝的風格特點。

257

瑪瑙天然子孫紋葫蘆形鼻煙壺
清中期
高5厘米　腹徑3.2厘米
清宮舊藏

Gorgeous agate snuff bottle in the shape of calabash
Middle Qing Dynasty
Height: 5cm
Diameter of belly: 3.2cm
Qing Court collection

鼻煙壺葫蘆形，束腰，平底。通體光素，壺體上天然形
成的層疊花紋形成了很好的裝飾效果。無蓋匙。鼻煙壺
外附一黃色錦緞抽口小袋。

此壺通體自然紋理，層層套疊，五彩斑斕，變化無窮，
亦有人稱之為"子孫瑪瑙"或"子母瑪瑙"。

258

瑪瑙雕雙喜字鼻煙壺
清中期
高5.3厘米　腹徑4.4厘米
清宮舊藏

**Agate snuff bottle with characters
"Shuang Xi" (double happiness)(two
pieces)**
Middle Qing Dynasty
Height: 5.3cm
Diameter of belly: 4.4cm
Qing Court collection

鼻煙壺扁瓶形，直口，平底。通體白
色中有酒紅色和黃色沁斑。壺體兩面
圓形開光內皆雕琢雙喜字紋飾，寓意
喜慶吉祥。無蓋匙。

此壺為一對，均質量上乘，做工精
緻，為清代宮廷的御用品。

259

瑪瑙雕纏枝蓮紋鼻煙壺
清中期
通高7.9厘米　腹徑5.1厘米

Agate snuff bottle with design of interlocking lotus sprays
Middle Qing Dynasty
Overall height: 7.9cm
Diameter of belly: 5.1cm

鼻煙壺扁圓罐形，圈足。通體暗黃褐色，壺體兩面各雕纏枝蓮花紋一朵，砣痕清晰，轉折處凌厲。壺頸口處包以銀皮，並配半圓形銀蓋，上凸鑲一周珊瑚共六枚，中攢綠松石一枚，下連銀匙。銀蓋口又飾錘鍱及鏨刻的幾何紋飾，立體感甚強。

此壺風格粗獷，有蒙、藏地區金屬工藝的某些特點。類似風格的鼻煙壺製品尚不多見。

260

瑪瑙巧作獅鳥紋鼻煙壺
清中期
通高6.1厘米　腹徑4.3厘米
清宮舊藏

Agate snuff bottle carved with design of lion and bird in relief
Middle Qing Dynasty
Overall height: 6.1cm
Diameter of belly: 4.3cm
Qing Court collection

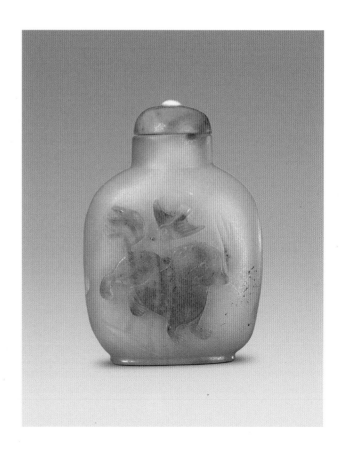

鼻煙壺扁瓶形，橢圓形圈足。壺體扁平，一面光素無紋，另一面利用保留的天然金黃色外皮巧琢成雄獅與飛鳥，獅與鳥一跑一飛，似在追逐嬉戲，生動可愛。獅、鳥通身陰刻細密線條，排列有序。紅色珊瑚嵌珠蓋連象牙匙。

261

瑪瑙天然紋鼻煙壺
清中期
通高5.7厘米　腹徑4.2厘米
清宮舊藏

Tawny agate snuff bottle with natural veins
Middle Qing Dynasty
Overall height: 5.7cm
Diameter of belly: 4.2cm
Qing Court collection

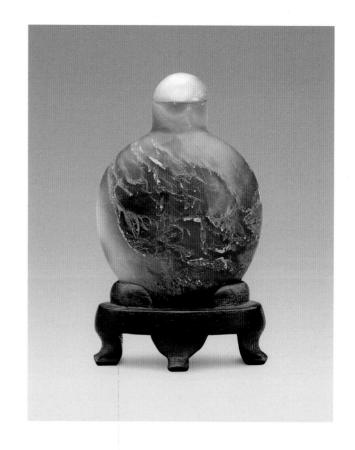

鼻煙壺扁瓶形，直口，平底。通體暗黃褐色，唯肩、腹
相對處呈灰白色，其間有明顯的綠色絲絮狀紋理，內蘊
暗紅、灰白等多種顏色。傾斜的紋路給人以動感，仿佛
湍流形成的漩渦，深不可測。褐色瑪瑙蓋半透明。配有
四足紅木座。

262

瑪瑙勾雲紋六棱鼻煙壺
清中期
高5.5厘米　腹徑2.2厘米
清宮舊藏

Hexagonal agate snuff bottle with cloud design
Middle Qing Dynasty
Height: 5.5cm
Diameter of belly: 2.2cm
Qing Court collection

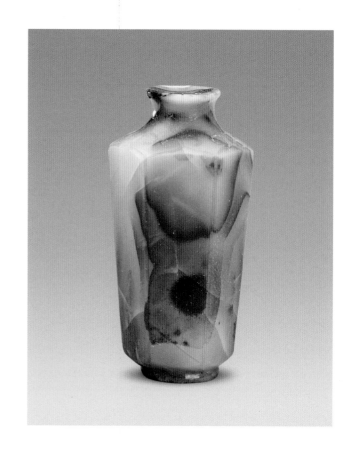

鼻煙壺六方瓶形，敞口，束頸，寬肩，斂腹，圈足。通
體佈滿紫紅色天然紋理，肩部淺刻勾雲紋一周。

此壺造型清秀挺拔，色彩沉穩而富於變化。

263

黃瑪瑙百壽字鼻煙壺
清中期
高6.1厘米　腹徑4.4厘米
清宮舊藏

Agate snuff bottle with a hundred characters "Shou"
(longevity)
Middle Qing Dynasty
Height: 6.1cm
Diameter of belly: 4.4cm
Qing Court collection

鼻煙壺罐形，束頸，寬肩，斂腹，小平底。通體土黃
色，有暗白色斑紋，半透明。壺體由肩部至腹部浮雕四
行十三列團壽字，共計五十二字。

264

黃瑪瑙雕菊花紋鼻煙壺
清中期
通高7.2厘米　腹徑3.3厘米

Yellow agate snuff bottle with chrysanthemum design
Middle Qing Dynasty
Overall height: 7.2cm
Diameter of belly: 3.3cm

鼻煙壺扁瓶形，直口，長腹下斂。壺體兩面皆淺浮雕菊
花紋，一朵菊花盛開，周圍襯托着枝葉，雕刻細膩。古
人稱菊花為"花中隱逸"、"霜中高潔"，且能輕身益氣，
故多以之寓意"君子"、"長壽"。翠蓋連象牙匙。

265

瑪瑙巧作鯤鵬望日圖鼻煙壺
清晚期
通高6厘米　腹徑4.7厘米
清宮舊藏

Agate snuff bottle with design of a roe gazing at the sun
Late Qing Dynasty
Overall height: 6cm
Diameter of belly: 4.7cm
Qing Court collection

鼻煙壺扁瓶形、直口，橢圓形矮圈足。壺體黃褐色，一面利用皮色凸雕一大鵬立於石上，展翅欲飛，上有祥雲托日，寓意"鵬程萬里"、"如日中天"。金屬蓋上鑲嵌桃蝠紋珊瑚為飾，寓意"福壽"。下連金屬匙。

此壺拋光工藝極佳，壺體呈半透明狀，愈顯玲瓏可手。

266

瑪瑙巧作馬上封侯圖鼻煙壺
清晚期
通高8厘米　腹徑5.3厘米

Agate snuff bottle with design of a monkey on a horse
Late Qing Dynasty
Overall height: 8cm
Diameter of belly: 5.3cm

鼻煙壺扁瓶形，直口，圈足。通體淡灰褐色，半透明質，壺體利用材質本身的黑色斑塊，巧刻一猴臥於馬背之上，馬足旁伏一蜂，以諧音寓"馬上封侯"之意。碧璽蓋連象牙匙。

此壺凸雕及淺刻技法運用俱佳，圖紋生動精緻。其材質舊有"冰糖瑪瑙"之稱。

267

瑪瑙巧作鳥蝶紋鼻煙壺
清晚期
通高7.2厘米　腹徑5厘米

Agate snuff bottle with design of bird and butterfly
Late Qing Dynasty
Overall height: 7.2cm
Diameter of belly: 5cm

鼻煙壺扁瓶形，直口，橢圓形圈足。顏色純正無雜質。
壺體一面利用天然的黃褐皮色巧雕出鳥蝶紋，一鳥回首
佇立，注視一隻在空中飛舞的蝴蝶，頗為簡潔生動，另
一面光素無紋。松石托嵌紅珊瑚蓋連象牙匙。

268

瑪瑙巧作荷葉水鳥圖鼻煙壺
清晚期
通高7.5厘米　腹徑5.3厘米

Agate snuff bottle carved with design of lotus leaf and aquatic bird
Late Qing Dynasty
Overall height: 7.5cm
Diameter of belly: 5.3cm

鼻煙壺扁瓶形，直口，橢圓形圈足。壺體一面巧妙地利
用紅黃色外皮凸雕荷葉、水鳥，在暗紅色的荷葉上，一
隻黃色的水鳥正展翅回望；另一面光素無紋。銀鍍金托
嵌紅瑪瑙蓋連象牙匙。

269

瑪瑙巧作松鼠葡萄圖鼻煙壺
清晚期
通高8厘米　腹徑5.5厘米

Agate snuff bottle carved with design of squirrels and grapes
Late Qing Dynasty
Overall height: 8cm
Diameter of belly: 5.5cm

鼻煙壺扁瓶形，直口，橢圓形圈足。通體凸雕松鼠葡萄
圖紋，利用表面自然的皮色巧雕葡萄一株，枝繁葉茂，
果實纍纍，間雕松鼠二隻及秋蟲。松鼠回首仰視，粗大
的尾部高高翹起。紅色珊瑚蓋連象牙匙。另配雕花紅木
座。

270

瑪瑙巧作雙鴉圖鼻煙壺
清晚期
通高8厘米　腹徑5.8厘米
清宮舊藏

Agate snuff bottle with design of two crows on a tree
Late Qing Dynasty
Overall height: 8cm
Diameter of belly: 5.8cm
Qing Court collection

鼻煙壺扁瓶形，直口，橢圓形圈足。壺體半透明，略有黑斑。一面利用黑斑巧作"獨樹雙鴉圖"，頗有"枯藤老樹昏鴉"的意境；另一面光素無紋飾。綠松石托嵌紅珊瑚蓋連象牙匙。

此壺紋飾大然而成，堪稱俏色中的佳作。

271

黃瑪瑙詩句鼻煙壺
清晚期
通高6.8厘米　腹徑2.1厘米

Yellow agate snuff bottle carved with a poem
Late Qing Dynasty
Overall height: 6.8cm
Diameter of belly: 2.1cm

鼻煙壺長瓶形。通體淡黃褐色，半透明質，壺體環周陰刻隸書五言律詩："掌上獻奇珍　香生四座春　芝蘭同氣味　水月比精神　朗潤欺珠玉　光華鮮垢塵　可稱三代器　雅愛最宜人"。圓鈕瑪瑙蓋連象牙匙。

272

水晶寶相花紋鼻煙壺
清中期
通高7.3厘米　腹徑5.1厘米
清宮舊藏

Crystal snuff bottle with rosette design
Middle Qing Dynasty
Overall height: 7.3cm
Diameter of belly: 5.1cm
Qing Court collection

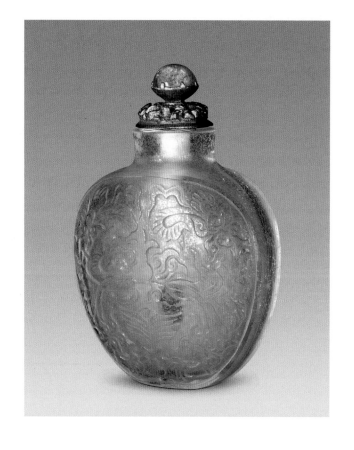

鼻煙壺扁瓶形，肩微聳，斂腹。壺體兩面開光，開光內減地浮雕相同的寶相花紋，寓吉祥之意，嵌碧璽雕花葉紋銅蓋連玳瑁匙。

水晶是無色透明的結晶石英，古稱"水玉"、"水精"。

273

水晶光素鼻煙壺
清中期
通高6厘米　腹徑4.3厘米
清宮舊藏

Plain crystal snuff bottle
Middle Qing Dynasty
Overall height: 6cm
Diameter of belly: 4.3cm
Qing Court collection

鼻煙壺扁瓶形，撇口，平底。通體光素，透明度極佳，內壁處理成糙地，如磨砂玻璃，形成一種壺中套壺的視覺效果。淺色芙蓉石蓋連玳瑁匙。

此壺為天然水晶雕琢而成，工藝高超，效果獨到，是利用材質自身特點雕琢器物的範例。

274

髮晶獸面啣環耳鼻煙壺
清中期
通高8.1厘米　腹徑5.4厘米

Hair crystal snuff bottle with animal-mask-shaped ears holding
a ring in its mouth
Middle Qing Dynasty
Overall height: 8.1cm
Diameter of belly: 5.4cm

鼻煙壺扁瓶形，直口，溜肩，圈足。壺體雙面光素，其
質通透，內含大量褐色髮絲狀物質，集中於壺體一側，
黑色中的星星點點閃光，亦是天成，令人嘆為觀止。兩
側肩部飾獸面啣環耳。翠蓋連染色象牙匙。

水晶內含的大量黑色髮絲狀物質是電氣石包裹體，因似
頭髮，故有"髮晶"之稱。

275

煙晶葫蘆形鼻煙壺
清中期
通高5.9厘米　腹徑2.1厘米
清宮舊藏

Calabash-shaped tea-coloured crystal snuff bottle
Middle Qing Dynasty
Overall height: 5.9cm
Diameter of belly: 2.1cm
Qing Court collection

鼻煙壺葫蘆形，闊口微侈，玉璧形足。壺體玻璃感很
強，暗黃褐色蘊蓄於內，如長期油煙薰蒸所致。銅鏨花
蕾式鈕蓋連象牙匙。

此鼻煙壺所用的這種水晶，因色澤類似茶色，舊時亦稱
"茶晶"。

276

煙晶光素鼻煙壺
清中期
通高6.2厘米　寬4.3厘米

Plain tea-coloured crystal snuff bottle
Middle Qing Dynasty
Overall height: 6.2cm
Width: 4.3cm

鼻煙壺皮囊形，削肩，鼓腹，底微內凹。壺體透明，色近黑，光素無紋飾。孔雀石刻蟠螭紋蓋連象牙匙。

此壺所用水晶因含有其他礦物，故色澤似煙熏過，舊時也稱“墨晶”。

277

紫晶瓜形鼻煙壺
清中期
通高5.5厘米　腹徑3.5厘米
清宮舊藏

Amethyst snuff bottle in the shape of a muskmelon
Middle Qing Dynasty
Overall height: 5.5cm
Diameter of belly: 3.5cm
Qing Court collection

鼻煙壺香瓜形，腹部略扁，無足，半透明。表面凸雕瓜枝、花卉蔓葉、蝴蝶等紋飾，並陰琢數道瓜棱紋。紋飾寓“瓜瓞綿綿”，“子孫萬代”之意。紫晶瓜蒂形蓋連銅鍍金匙。

此壺所用紫水晶顏色鮮艷，頗為名貴，加之圓雕工藝精湛，是難得的佳作。

278

炭晶茄形鼻煙壺
清晚期
通高10厘米　腹徑3.8厘米

Smoky quartz eggplant-shaped snuff bottle
Late Qing Dynasty
Overall height: 10cm
Diameter of belly: 3.8cm

鼻煙壺長茄形。通體炭黑色，不透明，烏黑鋥亮，與黑紫茄子極為相似。近口處凸雕三瓣茄蒂紋。嵌珊瑚蓋連竹匙。

炭晶是水晶的一種，因顏色深黑而得名，用炭晶製作的鼻煙壺極為罕見。

279

碧璽雙蝠萬壽紋鼻煙壺
清中期
高5.6厘米　腹徑3.8厘米

Tourmaline snuff bottle with an auspicious design of two bats holding peach in its mouth
Middle Qing Dynasty
Height: 5.6cm
Diameter of belly: 3.8cm

鼻煙壺瓶形，闊肩，橢圓形斂足。壺體半透明，色鮮艷，內含天然生成的冰裂狀紋理。兩側面雕雙蝠口啣雙桃及“卍”字紋繩結，紋飾寓意“福壽萬年”。底配紅木座。

碧璽，礦物名稱為電氣石，具有玻璃光澤，半透明，性脆，多為粉紅色，尤以桃紅色透明者最為珍貴。

280

琥珀光素鼻煙壺
清中期
通高6.5厘米　腹徑4.5厘米
清宮舊藏

Plain amber snuff bottle
Middle Qing Dynasty
Overall height: 6.5cm
Diameter of belly: 4.5cm
Qing Court collection

鼻煙壺扁瓶形，撇口，垂肩，橢圓形圈足。壺體深紅
色，光素無紋飾。銅鍍金嵌藍色青金石蓋連玳瑁匙。

琥珀是樹脂經地質變化形成的一種透明或半透明物質，
顏色多橙紅色或深紅色。此壺質地潔淨，雜質較少。

281

琥珀刻乾隆詩句鼻煙壺
清晚期
通高6厘米　腹徑3.8厘米

Amber snuff bottle carved with the Emperor Qianlong's poem
Late Qing Dynasty
Overall height: 6cm
Diameter of belly: 3.8cm

鼻煙壺扁瓶形，腹部略方，橢圓形圈足。壺體兩面刻乾
隆御題七律詩一首，詩後"乾隆甲午仲春御題"款識係後
人所刻。藍色料蓋連象牙匙。

御題詩：城上春雲覆苑牆，江亭晚色靜年芳。林花着雨
燕脂濕，水荇牽風翠帶長。龍武親軍深駐輦，芙蓉別殿
漫焚香。何時詔此金錢會，暫醉佳人錦瑟房。

282

蜜蠟光素鼻煙壺
清中期
通高7.4厘米　腹徑5.3厘米
清宮舊藏

Plain gum copal snuff bottle
Middle Qing Dynasty
Overall height: 7.4cm
Diameter of belly: 5.3cm
Qing Court collection

鼻煙壺扁瓶形，腹部略方，橢圓形足。通體暗紅色，光
素無紋飾。淡粉碧璽蓋連象牙匙。

蜜蠟是一種與琥珀同類而色澤略淡的物質，也稱金珀，
是由白松樹的樹脂形成的、硬度不高、體輕性脆的固
體，多用作雕刻小件工藝品。

283

蜜蠟光素鼻煙壺
清中期
通高6.5厘米　腹徑4.5厘米
清宮舊藏

Plain gum copal snuff bottle
Middle Qing Dynasty
Overall height: 6.5cm
Diameter of belly: 4.5cm
Qing Court collection

鼻煙壺扁瓶形，直口，腹部略圓，凹底。壺體黃紅色，
不透明，光素無紋，只有天然形成的細條紋理及碎縐紋
和紅色斑塊。銅鍍金嵌紅珊瑚蓋連玳瑁匙。

284

珊瑚雕松蝠紋鼻煙壺
清中期
通高5.8厘米　腹徑4.9厘米
清宮舊藏

Coral snuff bottle with design of pine and bats
Middle Qing Dynasty
Overall height: 5.8cm
Diameter of belly: 4.9cm
Qing Court collection

鼻煙壺扁瓶形，橢圓形足。通體紅色中略有白色斑塊，壺體兩面一面淺浮雕蒼松、山石、靈芝；另一面凸雕祥雲、蝙蝠。紋飾寓意"福壽如意"。兩側肩部雕獸面啣環耳。黃料托嵌翠蓋連象牙匙。

珊瑚本為海洋生物，一般所見為大量珊瑚骨骼凝聚成的樹枝狀物質，因生長緩慢，粗大者極少見，純正紅色的更是難得，用珊瑚製作的鼻煙壺實屬珍貴。

285

珊瑚雕蝠桃紋鼻煙壺
清中期
通高7厘米　腹徑4.2厘米
清宮舊藏

Coral snuff bottle carved with design of bats and peach
Middle Qing Dynasty
Overall height: 7cm
Diameter of belly: 4.2cm
Qing Court collection

鼻煙壺扁瓶形，腹部扁方，橢圓形圈足。通體紅色中略有白斑，壺體一面凸雕桃樹，果實纍纍；另一面凸雕蝙蝠兩隻，旁襯陰琢的雲紋。紋飾寓意"福壽"。染牙托嵌綠翠蓋連象牙匙。

此壺色澤紅潤細膩，器表隱見縱向細紋，加之精工細作，是極珍貴的珊瑚製品。

286

青金石鼻煙壺
清中期
通高4.5厘米　腹徑4.8厘米

Lapis lazuli snuff bottle
Middle Qing Dynasty
Overall height: 4.5cm
Diameter of belly: 4.8cm

鼻煙壺扁鼓形，小口，細頸，圈足。通體光素，於暗灰
藍色地上有紫藍、天藍色雲狀暈斑及金色結晶斑點。綠
孔雀石蓋。

青金石為一種類似玉石的礦石，色青不透明，質地較粗
糙，以色深藍如靛、上有金星者為上品，多用作朝珠等
飾品。

287

青金石瓜形鼻煙壺
清中期
通高5.8厘米　腹徑3.3厘米
清宮舊藏

Lapis lazuli snuff bottle in the shape of a melon
Middle Qing Dynasty
Overall height: 5.8cm
Diameter of belly: 3.3cm
Qing Court collection

鼻煙壺瓜形，色澤深藍而近紫，有灰白色斑塊。壺體上
浮雕小瓜及藤蔓，瓜葉翻捲，一甲蟲伏於其上，極富情
趣，寓意"瓜瓞綿綿"。浮雕蝴蝶礫石蓋連銅匙。

288

青金石吉慶有餘紋鼻煙壺
清晚期
高5.5厘米　寬6厘米

Lapis lazuli snuff bottle with design of a sonorous stone and two fishes, symbolizing luckiness and richness
Late Qing Dynasty
Height: 5.5cm
Width: 6cm

鼻煙壺倒置扁三角形，端肩，斂腹。壺體兩面各浮雕相同的紋飾，雙魚口啣如意縧帶並綴以磬，諧音寓"吉慶有餘"之意，此類紋飾是這一時期常見的裝飾題材。

289

松石填金牡丹紋鼻煙壺
清中期
通高6厘米　腹徑4.8厘米
清宮舊藏

Oblate turquoise snuff bottle carved with flower design filled in with gold
Middle Qing Dynasty
Overall height: 6cm
Diameter of belly: 4.8cm
Qing Court collection

鼻煙壺扁瓶形，平底。通體綠色間有黑色鐵線斑紋。壺體兩面採用髹漆工藝中戧金的作法，陰刻山石牡丹紋，陰線內填金。嵌粉紅色芙蓉圓形石蓋連玳瑁匙。

松石為質地堅硬且脆的塊狀不透明礦物，顏色多為鮮艷的天藍色或藍綠色，故亦稱"綠松石"。

290

松石雕花填金扁圓鼻煙壺
清中期
通高6厘米　腹徑4.8厘米
清宮舊藏

Oblate turquoise snuff bottle carved with flower design filled in with gold
Middle Qing Dynasty
Overall height: 6cm
Diameter of belly: 4.8cm
Qing Court collection

鼻煙壺扁瓶形，扁圓腹。通體藍綠色，質地、顏色皆上
佳。壺體兩面均採用雕花填金的手法雕琢花卉圖紋。嵌
淺粉紅色芙蓉石蓋連象牙匙。

291

孔雀石天然紋鼻煙壺
清中期
通高6.5厘米　腹徑4.4厘米
清宮舊藏

Malachite snuff bottle with natural veins
Middle Qing Dynasty
Overall height: 6.5cm
Diameter of belly: 4.4cm
Qing Court collection

鼻煙壺扁瓶形，橢圓形足。通體深綠色，光素無紋，顯
現出孔雀石本身天然生成的深淺斑紋。鏨花銅鍍金托嵌
紅珊瑚蓋連玳瑁匙。

孔雀石是銅的表生礦物，因含銅量高，顏色呈綠色或暗
綠色，並有同心圓狀花紋，很像孔雀的羽尾，因此得
名。以孔雀石製的鼻煙壺極為少見。

瓷器類鼻煙壺

Porcelain Snuff Bottles

292

青花寒江獨釣圖鼻煙壺
清康熙
高7.5厘米　腹徑3厘米
清宮舊藏

Blue and white porcelain snuff bottle with design of fishing at
the riverside
Kangxi Period, Qing Dynasty
Height: 7.5cm
Diameter of belly: 3cm
Qing Court collection

鼻煙壺瓶形，脣口，溜肩，長腹下斂，圈足。壺體青花繪
通景《寒江獨釣圖》。一老叟獨坐於江邊垂釣，周圍繪有遠
山近水，屋舍樹木，濃淡相宜。底白釉無款。

"寒江獨釣"是康熙朝青花瓷器較常見的裝飾題材之一，此
壺描繪精美，頗有唐代柳宗元詩句"孤舟蓑笠翁，獨釣寒
江雪"的意境。

293

青花寒江獨釣圖鼻煙壺
清康熙
高7.5厘米　腹徑3厘米

Blue and white porcelain snuff bottle with design of a fishing
boat on a river
Kangxi Period, Qing Dynasty
Height: 7.5cm
Diameter of belly: 3cm

鼻煙壺脣口，細頸，筒式腹，圈足。通體以青花為飾，
青花艷麗有暈散，腹部滿繪《寒江獨釣圖》。一人乘小舟
於江心垂釣，周圍襯以山石、樹木。底署青花"成化年
製"楷書仿款。

294

青花柳蔭憩馬圖鼻煙壺
清康熙
高7厘米　腹徑2.6厘米

Blue and white porcelain snuff bottle with design of a horse
in willow shade
Kangxi Period, Qing Dynasty
Height: 7cm
Diameter of belly: 2.6cm

鼻煙壺瓶形，脣口，筒式腹，圈足。壺體青花繪通景《柳
蔭憩馬圖》，一匹駿馬在柳蔭下回首小憩。頸、肩部均繪
如意雲頭紋。底白釉無款。

此壺青花艷麗有暈散，畫面構圖優美，寥寥數筆將駿馬
描繪得栩栩如生。

295

青花纏枝花紋鼻煙壺
清康熙
高8.2厘米　腹徑2.9厘米
清宮舊藏

Blue and white porcelain snuff bottle with interlocking floral design
Kangxi Period, Qing Dynasty
Height: 8.2cm
Diameter of belly: 2.9cm
Qing Court collection

鼻煙壺瓶形，脣口，筒式腹，圈足。壺體青花繪二方連續纏枝花卉四朵，肩部繪如意雲頭紋，近底處繪變形蓮瓣紋。底白釉無款。

此壺造型小巧玲瓏，紋飾優美，線條流暢，是康熙朝瓷製鼻煙壺的標準式樣。

296

青花纏枝菊花紋鼻煙壺
清康熙
高7.3厘米　腹徑3.5厘米
清宮舊藏

**Blue and white porcelain snuff bottle with design of
interlocking chrysanthemum sprays**
Kangxi Period, Qing Dynasty
Height: 7.3cm
Diameter of belly: 3.5cm
Qing Court collection

鼻煙壺脣口，直頸，筒式腹，圈足。通體以青花為飾，青
花濃重艷麗，仿明代宣德青花的藝術效果。腹部滿繪纏枝
菊花六朵，菊花線條流暢而有生氣。頸部與近底處繪變形
蕉葉紋各一周，肩部繪如意雲頭紋一周，底白釉無款。

297

青花釉裏紅寒江獨釣圖鼻煙壺
清康熙
高8.5厘米　腹徑2.6厘米

Blue and white porcelain snuff bottle with design of a fishing
boat on a river in umderglaze red
Kangxi Period, Qing Dynasty
Height: 8.5cm
Diameter of belly: 2.6cm

鼻煙壺瓶形，屑口，筒式腹，圈足。壺體用釉裏紅繪通
景《寒江獨釣圖》，表現一漁翁於江面乘舟獨釣的景象，
周圍襯以山石、樹木，意境深遠。壺口與近底處用青花
繪弦紋。底署青花"成化年製"楷書仿款。

此壺畫面裝飾以釉裏紅為主，青花為輔，景物層次分明。

298

青花釉裏紅驢行圖鼻煙壺
清康熙
高8.6厘米　腹徑2.9厘米

Blue and white porcelain snuff bottle with design of a
galloping donkey in underglaze red
Kangxi Period, Qing Dynasty
Height: 8.6cm
Diameter of belly: 2.9cm

鼻煙壺瓶形，屑口，筒式腹，圈足。壺體用釉裏紅繪通
景《驢行圖》，一頭驢在山坡上奔走，周圍有花草、樹
木，空中繪太陽。壺口沿下及近底處繪青花弦紋三周，
底署青花"成化年製"行書仿款。

此壺以驢作畫題，在清代瓷器的裝飾題材中十分少見。

299

青花釉裏紅山間小憩圖鼻煙壺
清康熙
通高9.5厘米　腹徑2.7厘米

Blue and white porcelain snuff bottle with design of a man
sitting on a hillside in underglaze red
Kangxi Period, Qing Dynasty
Overall height: 9.5cm
Diameter of belly: 2.7cm

鼻煙壺瓶形，屑口，直頸，筒式腹，圈足。壺體用釉裏
紅繪一人坐於山坡之上，悠然回望。周圍繪山石、花
草。壺口沿下繪青花弦紋一周，近底處有青花弦紋二
周。底署青花"成化年製"行書仿款。嵌珍珠珊瑚蓋。

此鼻煙壺釉裏紅顏色純正，青花艷麗，以簡練寫意的筆
法刻畫人物，形象生動，藝術水平較高。

300

青花加紫寒江獨釣圖鼻煙壺
清康熙
通高9.3厘米　腹徑3.1厘米

Porcelain snuff bottle in underglaze blue mixed with purple
and decorated with design of a fishing boat on a river
Kangxi Period, Qing Dynasty
Overall height: 9.3cm
Diameter of belly: 3.1cm

鼻煙壺屑口，直頸，筒式腹，圈足。通體以青花加紫為
飾，色調和諧。腹部繪《寒江獨釣圖》，以青花為主，紫
彩為輔，繪一人泛舟江上，獨自垂釣的情景。底署青花
"成化年製"行書仿款。嵌珍珠珊瑚紐蓋連象牙匙。

"寒江獨釣"題材在康熙時較為流行，多為青花裝飾，如
此鼻煙壺之青花加紫則較為少見。

301

青花加紫攜杖出行圖鼻煙壺
清康熙
高8.7厘米　腹徑2.6厘米

Porcelain snuff bottle in underglaze blue mixed with purple
and decorated with design of an old man walking with a cane
Kangxi Period, Qing Dynasty
Height: 8.7cm
Diameter of belly: 2.6cm

鼻煙壺瓶形，直口，筒式腹，圈足。壺體以青花加紫繪
《攜杖出行圖》，一老者持杖立於山上，雙雁飛於空中，
周圍繪有山石、花草。底署青花"成化年製"行書仿款。

此壺紋飾以青花為主，紫彩作點綴，色彩搭配協調，人
物生動傳神。康熙時青花加紫較為少見。

302

青花纏枝牡丹紋鼻煙壺
清雍正
通高7厘米　腹徑2.5厘米

Blue and white porcelain snuff bottle with design of interlocking
peony sprays
Yongzheng Period, Qing Dynasty
Overall height: 7cm
Diameter of belly: 2.5cm

鼻煙壺瓶形，直口，筒式腹，圈足。壺體用青花滿繪
纏枝牡丹花紋，頸部繪蕉葉紋。底露胎無釉。翠蓋連
象牙匙。

此壺青花色澤淡雅，佈局繁密，構圖飽滿，繁而不亂，
層次清晰。

303

青花描金開光粉彩人物花卉折角鼻煙壺
清乾隆
高7厘米　腹徑2.5厘米

Blue and white porcelain snuff bottle with figure and flower
design within reserved panels in famille rose
Qianlong Period, Qing Dynasty
Height: 7cm
Diameter of belly: 2.5cm

鼻煙壺撇口，直頸，長方形腹，圈足。腹部以粉彩為飾，
四面開光，兩面開光內分別為一男子在樹下籬旁站立和休
息，另兩面開光內為盛開的菊花。紋飾空隙間襯以青花描
金朵花紋。底署紅彩"乾隆年製"篆書款。

304

粉彩暗八仙紋鼻煙壺
清乾隆
通高5厘米　腹徑3.9厘米
清宮舊藏

Porcelain snuff bottle with design of emblems of the Eight Immortals in famille rose
Qianlong Period, Qing Dynasty
Overall height: 5cm
Diameter of belly: 3.9cm
Qing Court collection

鼻煙壺扁瓶形，長頸，橢圓形圈足。壺體以黃地粉彩繪暗八仙紋，以傳說中的八仙所執法器為象徵，有祝頌長壽之意。頸、肩、足部繪變形如意雲頭紋與蓮瓣紋，每層紋飾間以金彩相隔，藍底署黑彩"乾隆年製"篆書印章款。銅鍍金蓋匙。

305

粉彩勾蓮紋鼻煙壺
清乾隆
通高5.2厘米　腹徑3.5厘米
清宮舊藏

Porcelain snuff bottle with design of delineated lotus in famille rose
Qianlong Period, Qing Dynasty
Overall height: 5.2cm
Diameter of belly: 3.5cm
Qing Court collection

鼻煙壺扁瓶形，直口，平底。壺體以粉彩描繪四朵勾蓮花
紋。口沿、頸、肩及近底處分別以紅地粉彩、黃地粉彩、
綠地粉彩描繪變形如意雲頭紋和蓮瓣紋。黃底署紅彩"乾
隆年製"篆書印章款。銅鍍金蓋匙。

306

粉彩勾蓮紋花瓣形鼻煙壺
清乾隆
通高6.3厘米　腹徑3.2厘米
清宮舊藏

Six-lobed porcelain snuff bottle with delineated lotus design in famille rose
Qianlong Period, Qing Dynasty
Overall height: 6.3cm
Diameter of belly: 3.2cm
Qing Court collection

鼻煙壺花瓣形，直口，頸下凸起蓮子一周，橢圓形圈足。
壺體六瓣花瓣內均有白地開光，開光軋道粉彩繪勾蓮花
紋。白底署紅彩"乾隆年製"篆書款。銅鍍金蓋連匙。

此壺造型小巧別致，再配以精美的紋飾，堪稱瓷製鼻煙壺
中之精品。

307

金地粉彩勾蓮紋花瓣形鼻煙壺
清乾隆
通高6.5厘米　腹徑3.7厘米

**Flower-petal-shaped porcdain snuff bottle with lotus design in
famille rose over a golden ground**
Qianlong Period, Qing Dynasty
Overall height: 6.5cm
Diameter of belly: 3.7cm

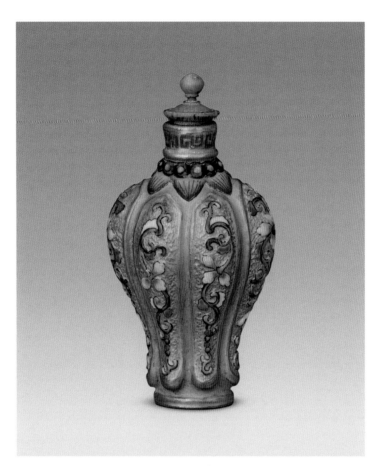

鼻煙壺花瓣形，直口，頸下凸起蓮子一周，圈足。通體
以金地粉彩為飾，壺體凸起六瓣花瓣形開光，內繪勾蓮
花紋。底署紅彩"乾隆年製"篆書款。骨蓋連骨匙。

此壺造型精緻美觀，金地粉彩在乾隆粉彩瓷器中最為珍
貴，給人以富麗堂皇的感覺。

308

綠地粉彩開光虞美人圖詩句鼻煙壺
清乾隆
通高6.5厘米　腹徑5厘米
清宮舊藏

Porcelain snuff bottle decorated with design of flower and verses
in famille rose within reserved panels over a green ground
Qianlong Period, Qing Dynasty
Overall height: 6.5cm
Diameter of belly: 5cm
Qing Court collection

鼻煙壺直頸，扁圓形腹，橢圓形圈足。通體以綠地粉彩為飾，腹部兩面為金彩如意形開光，一面繪虞美人花卉，另一面墨彩隸書乾隆御題詩一首，後鈐"乾"、"隆"二方印。底署紅彩"乾隆年製"篆書款。紅彩描金蓋連象牙匙。

御題詩：一曲虞兮愴別神，徘徊猶憶楚江濱。那知愛玉憐香者，不是當年姓項人。

309

粉彩芙蓉花形鼻煙壺
清乾隆
通高5.8厘米　腹徑4.2厘米
清宮舊藏

Hibiscus-petal-shaped porcelain snuff bottle in famille rose
Qianlong Period, Qing Dynasty
Overall height: 5.8cm
Diameter of belly: 4.2cm
Qing Court collection

鼻煙壺花瓣式扁瓶形，直口，橢圓形圈足。壺體兩面均飾粉彩芙蓉花，花心微凸起，寓意"富貴榮華"。頸與腹兩側飾黃地粉彩勾蓮紋。金底署紅彩"乾隆年製"篆書印章款。銅鍍金刻迴紋蓋連匙。

此鼻煙壺造型新穎別致，色彩柔和，為乾隆時期官窯的精工之作。

310

綠地粉彩開光菊花牡丹圖鼻煙壺
清乾隆
通高6.2厘米　腹徑5.2厘米
清宮舊藏

Porcelain snuff bottle with chrysanthemum and peony design in
famille rose within reserved panels over a green ground
Qianlong Period, Qing Dynasty
Overall height: 6.2cm
Diameter of belly: 5.2cm
Qing Court collection

鼻煙壺撇口，直頸，扁腹，平底。腹部兩面金彩開光，內
為相同的粉彩描繪菊花、牡丹紋，寓意"富貴長壽"，壺體
兩側綠地粉彩繪朵花紋。底署紅彩"乾隆年製"篆書款。瓷
蓋連象牙匙。

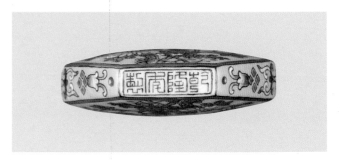

311

粉彩葫蘆形鼻煙壺
清乾隆
通高6.3厘米　腹徑4.5厘米
清宮舊藏

Calabash-shaped porcelain snuff bottle in famille rose
Qianlong Period, Qing Dynasty
Overall height: 6.3cm
Diameter of belly: 4.5cm
Qing Court collection

鼻煙壺葫蘆形，肩部有對稱雙繫，束腰，平底微內凹。通
體以金地粉彩繪纏枝葫蘆，腰部有凸起的小葫蘆三個，此
造型及紋飾為"葫蘆勾藤"，寓意"子孫萬代"。金底署黑彩
"乾隆年製"篆書印章款。銅鍍金蓋連匙。

粉彩開光玉蘭牡丹圖鼻煙壺
清乾隆
通高6厘米　腹徑4厘米
清宮舊藏

Porcelain snuff bottle with magnolia and peony design in famille rose within reserved panels
Qianlong Period, Qing Dynasty
Overall height: 6cm
Diameter of belly: 4cm
Qing Court collection

鼻煙壺扁瓶形，直口，橢圓形圈足。壺體兩面為金彩開光，開光內繪粉彩紋飾，一面繪玉蘭牡丹圖；另一面繪菊花圖，紋飾寓意"富貴長壽"。開光周圍為藍地金彩朵花紋。白底署紅彩"乾隆年製"篆書款。銅鍍金蓋連匙。

此壺造型秀麗，花卉描畫細膩，筆法嫻熟，為乾隆時期瓷製鼻煙壺的精品。

313

粉彩安居圖鼻煙壺
清乾隆
通高5.9厘米　腹徑3.7厘米
清宮舊藏

Porcelain snuff bottle with chrysanthemum and quail design in famille rose

Qianlong Period, Qing Dynasty
Overall height: 5.9cm
Diameter of belly: 3.7cm
Qing Court collection

鼻煙壺扁瓶形，直口，橢圓形圈足。壺體以粉彩繪通景菊花、鵪鶉，兩隻鵪鶉在盛開的菊花下覓食，周圍點綴花草、洞石。"鵪"諧音"安"，"菊"諧音"居"，所以菊花、鵪鶉寓意"安居樂業"。口沿及足邊施金彩一周。白底署紅彩"乾隆年製"篆書印章款。銅蓋連銅匙。

314

粉彩開光虞美人圖詩句鼻煙壺
清乾隆
通高6.4厘米　腹徑5厘米
清宮舊藏

Porcelain snuff bottle decorated with flower and verses in
famille rose within reserved panels
Qianlong Period, Qing Dynasty
Overall height: 6.4cm
Diameter of belly: 5cm
Qing Court collection

鼻煙壺扁瓶形，直口，橢圓形圈足。壺體兩面為金彩如意形開光，一面粉彩繪虞美人花卉，另一面墨彩隸書乾隆御題詩一首，後鈐"乾"、"隆"二方印。兩側面繪綠地粉彩朵花紋飾。白底署紅彩"乾隆年製"篆書款。圓蓋連象牙匙。

此壺造型、紋飾、構圖均一絲不苟，具典型的乾隆粉彩風格。

御題詩：一曲虞兮愴別神，徘徊猶憶楚江濱。那知愛玉憐香者，不是當年姓項人。

315

粉彩開光菊花圖詩句鼻煙壺
清乾隆
通高7厘米　腹徑5厘米
清宮舊藏

Porcelain snuff bottle decorated with chrysanthemum and
verses in famille rose within reserved panels
Qianlong Period, Qing Dynasty
Overall height: 7cm
Diameter of belly: 5cm
Qing Court collection

鼻煙壺扁瓶形，敞口，橢圓形圈足。壺體兩面為金彩圓形
開光，一面繪洞石、菊花、桂花，另一面墨彩隸書乾隆御
題詩一首，後鈐"乾"、"隆"二方印。兩側繪綠地粉彩折枝
花兩組。白底署紅彩"乾隆年製"篆書款。紅彩蓋面，蓋邊
與紐施金彩。

御題詩：秋雨霏霏碧蘚滋，閑情今日步東籬。不知冷夜寒
朝裹，開到西風第幾枝。

316

墨彩開光綠槐庭院圖詩句鼻煙壺
清乾隆
通高6.4厘米　腹徑4.6厘米

Porcelain snuff bottle decorated with landscape and verses in
famille noire
Qianlong Period, Qing Dynasty
Overall height: 6.4cm
Diameter of belly: 4.6cm

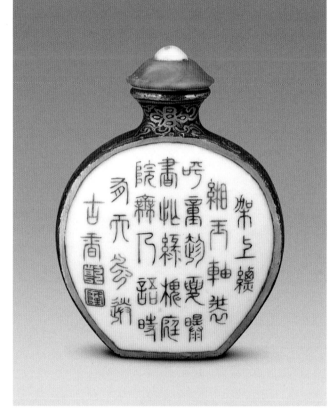

鼻煙壺扁瓶形，撇口，淺圈足。壺體兩面金彩開光，內以
墨彩為飾，一面繪山水村舍、花草樹木，另一面篆書乾隆
御題詩一首，後鈐"乾"、"隆"二方印。開光外赭地繪金彩
吉祥圖案。赭底署金彩"大清乾隆年製"篆書款。嵌珍珠紐
珊瑚蓋連象牙匙。

御題詩：架上縹緗玉軸裝，呼童趁夏曝書忙。綠槐庭院無
人語，時有天光送古香。

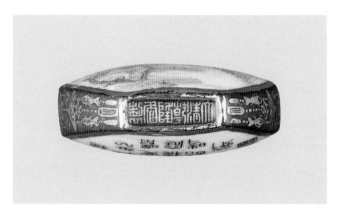

317

粉彩開光芍藥圖詩句鼻煙壺
清乾隆
通高7.2厘米　腹徑3.8厘米
清宮舊藏

Porcelain snuff bottle decorated with peony and verses in famille rose within reserved panels
Qianlong Period, Qing Dynasty
Overall height: 7.2cm
Diameter of belly: 3.8cm
Qing Court collection

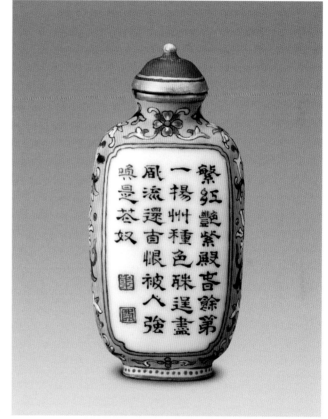

鼻煙壺扁瓶形，直口，橢圓形圈足。壺體兩面金彩開光，一面繪芍藥、蜜蜂，另一面用墨彩隸書乾隆御題詩一首，後鈐"乾"、"隆"二方印。開光外粉地粉彩描繪折枝花紋。白底署紅彩"乾隆年製"篆書款。圓蓋連象牙匙。

御題詩：繁紅艷紫殿春餘，第一揚州種色殊。逞盡風流還古恨，被人強喚是花奴。

318

粉彩開光山水人物圖方形鼻煙壺
清乾隆
通高7厘米　腹徑5.6×3.8厘米

Square porcelain snuff bottle with figure and landscape design
in famoille rose within reserved panels
Qianlong Period, Qing Dynasty
Overall height: 7cm
Diameter of belly: 5.6 × 3.8cm

鼻煙壺長方體，直口，長方形圈足。通體以天藍地粉彩為
飾，壺體四面開光，前後兩面一面繪一雅士於樹下觀石，周
圍繪有欄杆、花草；另一面繪《山居圖》，山水之間有茅舍、
水榭。兩側面開光內均繪花卉。肩上繪四組朵花紋，兩兩相
對。白底署紅彩"大清乾隆年製"篆書款。珊瑚紐圓蓋。

乾隆時期的鼻煙壺器形豐富多樣，有圓形，長方形、葫蘆
形、橢圓形等，此壺胎體厚重，造型新穎。

319

粉彩開光嬰戲圖獸面啣環耳鼻煙壺
清乾隆
通高6厘米　腹徑4.3厘米
清宮舊藏

Porcelain snuff bottle with animal-mask-shaped handles decorated with children-at-play design in famille rose within reserved panels
Qianlong Period, Qing Dynasty
Overall height: 6cm　Diameter of belly: 4.3cm
Qing Court collection

鼻煙壺扁瓶形，直口，橢圓形圈足。壺體兩面金彩開光，內繪《嬰戲圖》。一面繪二小童放風箏、捧如意，寓意"春風得意"；另一面繪兩童子舉傘蓋、抱瓶，瓶內為穀穗，寓意"歲歲平安"；旁繪山石、樹木。開光外飾藍地軋道粉彩朵花紋。頸、足部分別繪迴紋及乳釘紋。兩側肩部雕獸面啣環耳。白底署紅彩"乾隆年製"篆書款。銅鍍金蓋連匙。

320

粉彩開光嬰戲圖鼻煙壺
清乾隆
通高6.5厘米　腹徑4.4厘米

Porcelain snuff bottle with design of children play in famille
rose within reserved panels over a gueen ground
Qianlong Period, Qing Dynasty
Overall height: 6.5cm
Diameter of belly: 4.4cm

鼻煙壺扁瓶形，脣口，橢圓形圈足。壺體兩面金彩開光，
內以粉彩描繪《嬰戲圖》，一面繪五童子敲鑼打鼓，玩耍嬉
戲；另一面繪四童子持戟、抱花瓶、拿風車、捧如意，寓
意"吉慶有餘"、"富貴平安"、"春風得意"。開光外綠地上
凸雕金彩勾蓮花紋。白底署紅彩"乾隆年製"篆書款。圓蓋
連象牙匙。

321

粉彩開光西洋人物圖鼻煙壺
清乾隆
通高6.4厘米　腹徑3.6厘米
清宮舊藏

Porcelain snuff bottle with Western figure design in famille rose
within reserved panels
Qianlong Period, Qing Dynasty
Overall height: 6.4cm
Diameter of belly: 3.6cm
Qing Court collection

鼻煙壺扁瓶形，直口，溜肩，圈足。壺體兩面金彩長方形
開光，內以白地粉彩繪西洋人物，一面繪二人在松樹下散
步，一人雙手抱瓶，一人拄杖架鳥；另一面繪山水樓閣、
人物。開光外為紫地軋道粉彩朵花紋。白底署紅彩"乾隆
年製"篆書款。銅鍍金蓋連匙。

322

粉彩浮塑博古圖鼻煙壺
清乾隆
通高8厘米　腹徑5厘米

Porcelain snuff bottle embossed with design of antiques in famille rose
Qianlong Period, Qing Dynasty
Overall height: 8cm
Diameter of belly: 5cm

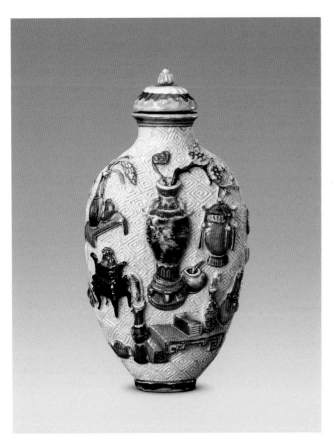

鼻煙壺扁瓶形，撇口，溜肩，圈足。通體白地印迴紋，浮塑《博古圖》，有几案、書籍、爐、瓶、靈芝、茶壺、圍棋等紋飾，寓"清雅高潔"之意，紋飾上施紅、綠、藍、黑等色。白底署紅彩花押款。瓷蓋連竹匙。

此壺工藝別致，但略顯粗糙，係民間製品。

323

松石釉獸面啣環耳罐形鼻煙壺
清乾隆
通高6厘米　腹徑3.8厘米

Turquoise glazed porcelain snuff bottle in the shape of a jar
Qianlong Period, Qing Dynasty
Overall height: 6cm
Diameter of belly: 3.8cm

鼻煙壺罐形，撇口，直頸，扁圓腹，橢圓形圈足。通體
施松石綠釉，光素無紋，釉色古樸含蓄。兩側肩部塑獸
面啣環耳。瓷蓋連象牙匙。

松石綠釉是清代創燒的顏色釉品種之一，是以銅為着色
劑、二次燒成的低溫釉，因呈色近似綠松石，故名。以
松石綠釉為裝飾的鼻煙壺極為少見。

324

綠釉青果形鼻煙壺
清乾隆
通高4.4厘米　腹徑1.6厘米
清宮舊藏

Green glazed porcelain snuff bottle in the shape of a Chinese olive
Qianlong Period, Qing Dynasty
Overall height: 4.4cm
Diameter of belly: 1.6cm
Qing Court collection

鼻煙壺青果形。通體施綠釉，釉層均勻，釉面有細碎的
冰裂紋開片，似仿宋代著名的官窰瓷器效果。翠蓋連象
牙匙。

此壺造型小巧別致，釉色典雅瑩潤，頗為美觀。

325

爐鈞釉雙連葫蘆形鼻煙壺
清乾隆
通高6.4厘米　腹徑6厘米

Oven Jun glazed porcelain snuff bottle in the shape of a twin-calabash
Qianlong Period, Qing Dynasty
Overall height: 6.4cm
Diameter of belly: 6cm

鼻煙壺雙連葫蘆形，直口，束腰，下腹部相連。通體施藍色爐鈞釉。鑲珍珠紐圓蓋連象牙匙。下配木座。

此壺線條圓潤，胎體厚重，其造型為乾隆時期的流行式樣之一。爐鈞釉是景德鎮仿鈞釉製品，低溫燒成，始於雍正朝，流行於乾隆時期。以爐鈞釉作鼻煙壺的裝飾在乾隆朝實為少見，故此壺十分珍貴。

326

粉彩開光文會圖詩句鼻煙壺
清嘉慶
通高7厘米　腹徑4.5厘米
清宮舊藏

Porcelain snuff bottle with design of a gathering of chess
friends and verses in famille rose within reserved panels
Jiaqing Period, Qing Dynasty
Overall height: 7cm
Diameter of belly: 4.5cm
Qing Court collection

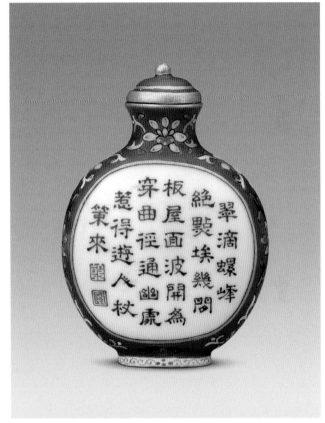
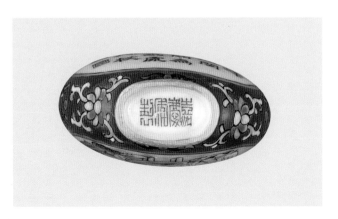

鼻煙壺扁瓶形，撇口，橢圓形圈足。壺體兩面金彩開光，
一面為《文會圖》，描繪八位老者在松蔭下下棋、觀棋的場
景，一小童侍立於旁；另一面墨彩隸書乾隆御題詩一首，
後鈐"乾"、"隆"二方篆書印。開光外均為紫地粉彩花卉
紋。白底署紅彩"嘉慶年製"篆書款。圓蓋連象牙匙。

御題詩：翠滴螺峯絕點埃，幾間板屋面波開。為穿曲徑通
幽處，惹得遊人杖策來。

327

粉彩開光麻姑獻壽圖鼻煙壺
清嘉慶
通高7.8厘米　腹徑5厘米
清宮舊藏

Porcelain snuff bottle with design of the fairy Ma Gu celebrating someone's birthday in famille rose within reserved panels
Jiaqing Period, Qing Dynasty
Overall height: 7.8cm
Diameter of belly: 5cm
Qing Court collection

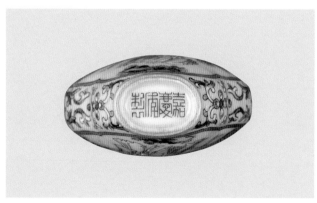

鼻煙壺扁瓶形，撇口，橢圓形圈足。壺體兩面金彩海棠式開光，均內繪《麻姑獻壽圖》，仙姑有的肩扛靈芝，有的手持盛酒的寶瓶、壽桃，前來祝壽。周圍繪有松樹、欄杆、洞石、花草紋，畫面優美，寓意吉祥，腹兩側用綠地粉彩描繪朵花紋。白底署紅彩"嘉慶年製"篆書款。珊瑚蓋連象牙匙。

此壺紋飾優美，色彩和諧鮮艷，為嘉慶年間御製鼻煙壺的上乘之作。

麻姑是傳說中的長壽仙人，每當蟠桃盛會時，均以靈芝釀酒作為壽禮向西王母進獻，後世多以"麻姑獻壽"作為祝壽題材。

粉彩開光虞美人圖鼻煙壺
清嘉慶
通高6.5厘米　腹徑4.3厘米
清宮舊藏

Porcelain snuff bottle with floral design in famille rose within reserved panels
Jiaqing Period, Qing Dynasty
Overall height: 6.5cm
Diameter of belly: 4.3cm
Qing Court collection

鼻煙壺扁瓶形，直口，海棠花式腹，橢圓形圈足。壺體兩面金彩海棠式開光，內繪相同的洞石、虞美人花卉，兩側飾綠地粉彩折枝花紋。白底署紅彩"嘉慶年製"篆書款。珊瑚蓋連象牙匙。

此壺色彩柔和，構圖優美，筆觸細膩，是嘉慶年間官窯生產的瓷器類鼻煙壺的代表性作品之一。

329

粉彩開光歲歲平安圖鼻煙壺
清嘉慶
通高6.6厘米　腹徑6厘米
清宮舊藏

Porcelain snuff bottle with auspicious design of quails and spikes in famille rose within reserved panels
Jiaqing Period, Qing Dynasty
Overall height: 6.6cm
Diameter of belly: 6cm
Qing Court collection

鼻煙壺扁瓶，直口，橢圓形圈足。壺體兩面金彩圓形開光，內繪相同紋飾，兩隻鵪鶉站在凸起的山石、花草、穀穗紋中間。"鵪"諧音"安"，穀穗的"穗"諧音"歲"，紋飾寓意"歲歲平安"。開光外飾粉地粉彩勾蓮紋。白底署紅彩"嘉慶年製"篆書款。珊瑚紅釉圓蓋連象牙匙。

330

粉彩鏤雕九獅戲球圖鼻煙壺
清嘉慶
高7厘米　腹徑6.2厘米

Porcelain snuff bottle engraved with design of nine dragons playing with a ball in famille rose
Jiaqing Period, Qing Dynasty
Height: 7cm
Diameter of belly: 6.2cm

鼻煙壺扁瓶形，直口，橢圓形底內凹。通體鏤雕粉彩九獅戲球紋，"獅"與"世"諧音，寓意"九世同居"。頸、肩部及近底處分別刻迴紋、如意雲頭紋。底署紅彩"嘉慶年製"篆書款。

此壺工藝技巧高超，雕工細緻，圖紋精美，色彩艷麗，代表了當時的工藝水平。採用鏤雕的工藝技法裝飾鼻煙壺在清代後期比較多見。

331

仿官釉直腹式鼻煙壺
清嘉慶
高9厘米　腹徑3.5厘米
清宮舊藏

Cylindrical porcelain snuff bottle in Guan glaze
Jiaqing Period, Qing Dynasty
Height: 9cm
Diameter of belly: 3.5cm
Qing Court collection

鼻煙壺敞口，筒式腹，圈足。胎體厚重，通體施仿官釉，釉層肥厚滋潤，釉面有大開片，足邊刷一周醬色釉，是仿宋代官窯燒造"鐵足"的工藝效果。底署青花"大清嘉慶年製"篆書款。

332

青花纏枝蓮紋鼻煙壺
清道光
通高7.8厘米　腹徑7厘米

Blue and white porcelain snuff bottle with design of interlocking lotus sprays
Daoguang Period, Qing Dynasty
Overall height: 7.8cm
Diameter of belly: 7cm

鼻煙壺脣口，直頸，筒式腹，圈足。壺體以青花滿繪纏枝蓮紋，頸與足外牆均繪迴紋。底署青花"大清道光年製"篆書款。刻夔紋木蓋連象牙匙。

此壺造型渾厚飽滿，青花發色艷麗，花形紋飾規整，穿插有序。

333

青花雲龍紋鼻煙壺
清道光
通高6.3厘米　腹徑5.4厘米

Blue and white porcelain snuff bottle with design of dragon
and clouds
Daoguang Period, Qing Dynasty
Overall height: 6.3cm
Diameter of belly: 5.4cm

鼻煙壺扁瓶形，直口，平底。壺體以青花繪二龍戲珠
紋，二龍皆張口怒吼，盤旋飛騰，張牙舞爪，爭奪一
珠，氣勢威猛。底署青花"道光年製"楷書款。料蓋連骨
匙。

334

綠彩龍戲珠紋鼻煙壺
清道光
高5.7厘米　腹徑5.2厘米

Porcelain snuff bottle with design of green dragon playing
with a red pearl
Daoguang Period, Qing Dynasty
Height: 5.7cm
Diameter of belly: 5.2cm

鼻煙壺扁瓶形，直口微撇，平底。壺體凸塑龍戲珠紋，
龍身施綠彩，火珠施紅彩。龍雙角向後，龍鬚捲曲，張
牙舞爪。底署紅彩"道光年製"篆書款。

此壺以凸塑加彩工藝製成，所繪龍紋顯得有形無神，具
有清後期的藝術風格。

335

紅彩鍾馗迎蝠圖鼻煙壺
清道光
高5.5厘米　腹徑5厘米

**Porcelain snuff bottle with design of
Zhong Kui and bats in famille rose**
Daoguang Period, Qing Dynasty
Height: 5.5cm
Diameter of belly: 5cm

鼻煙壺扁瓶形，直口，橢圓形圈足。
壺體兩面以紅彩描金為主，黑、白、
綠彩為輔，均繪《鍾馗迎蝠圖》，一面
繪鍾馗手執摺扇，腰懸佩劍，笑看身
旁二隻蝙蝠飛舞；另一面繪鍾馗拔劍
舉足，怒視身旁的蝙蝠。底署紅彩
"道光年製"篆書款。

鍾馗傳為唐代進士，死後成為驅鬼迎
福之神。

336

粉彩明河在天詩意圖鼻煙壺
清道光
高6.3厘米　腹徑5厘米

**Porcelain snuff bottle with design in
spired by a verse "the Milky Way in the
Clear Night Sky" in famille rose**
Daoguang Period, Qing Dynasty
Height: 6.3cm
Diameter of belly: 5cm

鼻煙壺扁瓶形，直口，橢圓形圈足。
壺體一面以粉彩繪樓閣，樓上一老者
伏案而坐，秉燭夜讀。門前一童子立
於樹下，遙指天邊，周圍是洞石樹
木；另一面繪山石、翠竹、樹木，右
上方墨彩書"星月皎潔　明河在天"題
句。底署紅彩"道光年製"篆書款。

337

紅彩描金雲龍紋鼻煙壺
清道光
高5.8厘米　腹徑4.8厘米

Porcelain snuff bottle with dragon and cloud design in red
with gold tracery
Daoguang Period, Qing Dynasty
Height: 5.8cm
Diameter of belly: 4.8cm

鼻煙壺扁瓶形，直口，橢圓形圈足。壺體兩面有圓形開
光式凸起，其內以紅彩描金為飾，繪正面雲龍紋，龍張
牙舞爪，狀態兇猛，龍身周圍繪流雲。兩側有耳式凸
起，上繪紅彩紋飾。底署紅彩"道光年製"篆書款。

道光時期的鼻煙壺多為白地粉彩，這種以紅彩描金繪龍
紋的鼻煙壺比較少見。

338

粉彩漁舟垂釣圖鼻煙壺
清道光
通高7.2厘米　腹徑3.6厘米

Porcelain snuff bottle with design of fishing boat in famille
rose
Daoguang Period, Qing Dynasty
Overall height: 7.2cm
Diameter of belly: 3.6cm

鼻煙壺扁瓶形，長頸，橢圓形圈足。壺體以墨彩為主，
紅、藍彩為輔，繪一漁翁獨坐於船頭垂釣，人物形象生
動，表現了安謐寧靜的意境。底署紅彩"道光年製"篆書
款。

339

粉彩明河在天詩意圖鼻煙壺

清道光
高6.5厘米　腹徑3.8厘米

**Porcelain snuff bottle with design
illustrating a verse "the Milky Way in the
Clear Night Sky" in famille rose**
Daoguang Period, Qing Dynasty
Height: 6.5cm
Diameter of belly: 3.8cm

鼻煙壺直口，扁圓腹，橢圓形圈足。
通體以粉彩為飾，紅黃彩為主，綠、
藍、赭彩作點綴。腹部一面繪人物樓
閣圖，閣樓上一老者伏案，門前繪一
童子似有所指，四周襯以小石、樹
木，花草；另　面繪山石、翠竹、花
卉紋，花卉上方墨彩書"星月皎潔　明
河在天"詩句。底署紅彩"道光年製"
篆書款。

此鼻煙壺造型為道光時期的典型式
樣。

340

粉彩江岸迎歸圖鼻煙壺

清道光
高6厘米　腹徑4厘米

**Porcelain snuff bottle with design of a
beautiful lady meeting the returning boat
in famille rose**
Daoguang Period, Qing Dynasty
Height: 6cm
Diameter of belly: 4cm

鼻煙壺扁瓶形，直口，腹部兩側凸
起，橢圓形圈足。壺體兩面長方形開
光，一面繪一仕女立於江邊眺望，周
圍繪有山石、樹木；另一面繪一男子
乘舟停泊於江上，兩面"迎歸"圖意相
互呼應，構思巧妙。底署紅彩"道光
年製"篆書款。

此壺畫中仕女比例協調，面目清秀，
服裝綺麗，對於研究晚清仕女畫具有
重要的參考價值。

341

粉彩狩獵圖鼻煙壺
清道光
高5.2厘米　腹徑4.6厘米
清宮舊藏

Porcelain snuff bottle with hunting design in famille rose
Daoguang Period, Qing Dynasty
Height: 5.2cm
Diameter of belly: 4.6cm
Qing Court collection

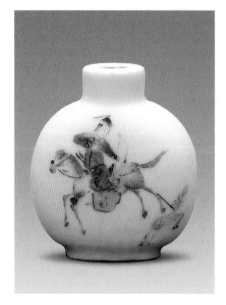

鼻煙壺扁瓶形，直口，橢圓形圈足。壺體以粉彩為飾繪通景《狩獵圖》，一面繪一滿族男子身背弓箭騎馬狩獵，旁有獵犬相隨；另一面繪一滿族男子騎於快馬之上，張弓射鹿。底署紅彩"道光年製"篆書款。

此壺色彩柔和淡雅，構圖簡潔，人物描繪生動傳神。清代統治者本為北方游牧狩獵民族，入關後，仍常以狩獵題材製器。

342

粉彩蘆雁圖鼻煙壺
清道光
高6.6厘米　腹徑4.4厘米

Porcelain snuff bottle with design of reeds and wild geese in famille rose
Daoguang Period, Qing Dynasty
Height: 6.6cm
Diameter of belly: 4.4cm

鼻煙壺扁燈籠形，直口，橢圓形圈足。壺體以粉彩繪通景《蘆雁圖》，八隻大雁或在河邊嬉戲，或回首顧盼，或在低空盤旋，姿態各異，生動逼真，別有情趣。底署紅彩"道光年製"篆書款。

此壺施彩柔和淡雅，筆鋒纖細流暢，表現出民間工藝特色。

343

粉彩雙鴨牡丹圖鼻煙壺
清道光
高5.6厘米　腹徑4.6厘米

Porcelain snuff bottle with design of peony and two ducks in famille rose
Daoguang Period, Qing Dynasty
Height: 5.6cm
Diameter of belly: 4.6cm

鼻煙壺扁瓶形，直口，橢圓形圈足。
壺體以粉彩繪通景《雙鴨牡丹圖》，兩
面各繪一鴨，周圍襯以牡丹、玉蘭、
石榴等花果圖紋和飛舞的蝴蝶，此紋
飾有"富貴"、"多子"等吉祥寓意。底
署紅彩"道光年製"篆書款。

鴨紋為清代中後期常見的裝飾性圖
紋，此壺之鴨紋描繪得比較呆板，具
有典型的晚清瓷器的風格。

344

粉彩丹鳳朝陽圖鼻煙壺
清道光
高6厘米　腹徑5.6厘米

Porcelain snuff bottle with design of phoenix worshipping the sun in famille rose
Daoguang Period, Qing Dynasty
Height: 6cm
Diameter of belly: 5.6cm

鼻煙壺扁瓶形，直口，平底微內凹。
壺體一面繪《丹鳳朝陽圖》，一隻鳳凰
仰視空中紅日，周圍是盛開的牡丹花
和壽石；另一面繪牡丹、赤桂爭相怒
放，三隻仙鶴或立於枝頭回首，或於
花下前行，兩面圖紋皆有"富貴長壽"
之寓意。底署紅彩"道光年製"篆書
款。

此壺無論在繪製技法上，還是在色彩
上，都表現出鮮明的民間工藝特色。

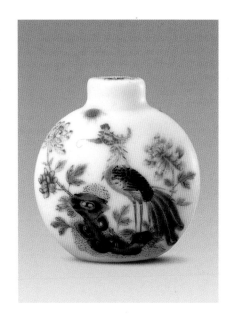 

345

粉彩梅鵲圖鼻煙壺
清道光
高5.8厘米　腹徑4.6厘米
清宮舊藏

**Porcelain snuff bottle with design of
magpies on a plum tree in famille rose**
Daoguang Period, Qing Dynasty
Height: 5.8cm
Diameter of belly: 4.6cm
Qing Court collection

鼻煙壺扁瓶形，直口，橢圓形圈足。
壺體粉彩繪通景《喜鵲登梅圖》，以墨
彩為主，紅、黃、綠彩作點綴，刻畫
一羣喜鵲落於梅花枝頭，寓意"喜上
眉梢"。底署紅彩"道光年製"篆書
款。附象牙匙。

346

粉彩羣鶴圖鼻煙壺
清道光
高6.2厘米　腹徑4.3厘米

**Porcelain snuff bottle with design of
eight cranes in famille rose**
Daoguang Period, Qing Dynasty
Height: 6.2cm
Diameter of belly: 4.3cm

鼻煙壺扁瓶形，直口，橢圓形圈足。
壺體兩面以墨彩為主，紅、綠彩為輔
繪八隻仙鶴。仙鶴或口啣桃花枝展翅
飛翔，或漫步，或憩息，姿態各異，
圖紋寓意"富貴長壽"。底署紅彩"道
光年製"篆書款。

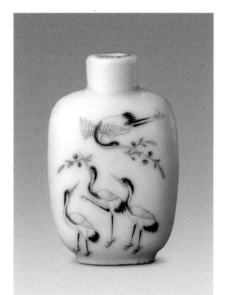

347

粉彩愛犬圖鼻煙壺
清道光
通高5.8厘米　腹徑5.4厘米

Porcelain snuff bottle with design of favourite dogs in famille rose
Daoguang Period, Qing Dynasty
Overall height: 5.8cm
Diameter of belly: 5.4cm

鼻煙壺扁瓶形，直口，圈足。壺體兩
面有開光式凸起，一面繪一老者坐於
山石前，伸手戲弄一花斑犬；另一面
繪一小童執鞭戲雙犬，空間繪一蝴
蝶。兩側有耳式凸起。底署紅彩"道
光年製"篆書款。圓蓋。

此壺造型是道光時期的典型式樣，繪
畫風格帶有明顯的晚清特點。

348

粉彩雙鴿雙犬圖鼻煙壺
清道光
高5.4厘米　腹徑5.2厘米

Porcelain snuff bottle with design of double pigeon and two dogs in famille rose
Daoguang Period, Qing Dynasty
Height: 5.4cm
Diameter of belly: 5.2cm

鼻煙壺扁瓶形，直口，橢圓形圈足。
壺體一面繪兩隻鴿子在蘭花邊嬉戲，
另一面繪兩隻小狗追逐咬鬧。兩側凸
塑獸面啣環耳。底署紅彩"道光年製"
篆書款。

此壺描畫筆法工整流暢，色彩清新，
是道光時期粉彩鼻煙壺中的佳作。

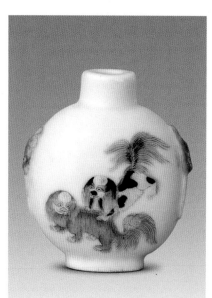

349

粉彩雄雞圖鼻煙壺
清道光
高6厘米　腹徑5.4厘米

**Porcelain snuff bottle with cock design
in famille rose**
Daoguang Period, Qing Dynasty
Height: 6cm
Diameter of belly: 5.4cm

鼻煙壺扁瓶形，直口，橢圓形圈足。
壺體兩面均以粉彩繪雄雞，一雞立於
山石之上，昂首報曉，石邊點綴菊
花；一雞俯身欲啄竹葉上的昆蟲。底
署紅彩"道光年製"篆書款。

350

粉彩蟈蟈青蛙圖鼻煙壺
清道光
通高6.8厘米　腹徑5.3厘米

**Porcelain snuff bottle with frog and
katydid design in famille rose**
Daoguang Period, Qing Dynasty
Overall height: 6.8cm
Diameter of belly: 5.3cm

鼻煙壺扁瓶形，直口，橢圓形圈足。
壺體以粉彩為飾，兩面共繪三隻青蛙
及一隻蟈蟈，周圍繪有蜜蜂等昆蟲及
花草紋。紋飾以綠彩為主，黑彩為
輔，紅、黃彩作點綴，色彩鮮艷明
快。底署紅彩"道光年製"篆書款。珊
瑚紐圓蓋連匙。

351

粉彩蟈蟈圖鼻煙壺
清道光
高5.7厘米 腹徑5.2厘米

Porcelain snuff bottle with katydid design in famille rose
Daoguang Period, Qing Dynasty
Height: 5.7cm
Diameter of belly: 5.2cm

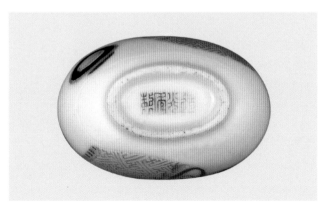

鼻煙壺扁瓶形，直口，橢圓形圈足。壺體以黃彩為主，黑、紅、綠彩為輔，局部以金彩作點綴，兩面均繪一蟈蟈爬於籠口。底署紅彩"道光年製"篆書款。

以蟈蟈為畫題的鼻煙壺在道光時期較為常見，此壺為其中比較精美的一件，其造型、紋飾均具有鮮明的時代特徵。

352

粉彩金魚圖鼻煙壺
清道光
高5.3厘米　腹徑5厘米

Porcelain snuff bottle with design of goldfishes in famille rose
Daoguang Period, Qing Dynasty
Height: 5.3cm
Diameter of belly: 5cm

鼻煙壺扁瓶形，直口，橢圓形圈足。壺體用粉彩繪通景
《金魚圖》，八條小金魚穿行於水草間嬉戲，畫面佈局疏
朗，以紅、黑彩繪金魚，綠彩繪水藻。魚和"餘"諧音，
寓意"連年有餘"。底署紅彩"大清道光年製"篆書款。

353

粉彩蟹藻圖鼻煙壺
清道光
高5.8厘米　腹徑5厘米

Porcelain snuff bottle with design of crabs and waterweeds in famille rose
Daoguang Period, Qing Dynasty
Height: 5.8cm
Diameter of belly: 5cm

鼻煙壺扁瓶形，直口，橢圓形圈足。壺體兩面均以粉彩
繪兩隻螃蟹在水草間穿行，形象生動，頗有情趣。寓意
"黃甲傳臚"、"二甲傳臚"即"科舉及第"。底署紅彩"道光
年製"篆書款。

354

粉彩猴鹿圖鼻煙壺
清道光
高7.4厘米　腹徑4厘米

Porcelain snuff bottle with deer and monkey design in famille rose
Daoguang Period, Qing Dynasty
Height: 7.4cm
Diameter of belly: 4cm

鼻煙壺細長頸，扁圓腹下垂，橢圓形圈足。壺體一面繪二隻小猴在松樹上玩耍戲嬉，枝頭掛一印，旁襯洞石，寓意"掛印封侯"；另一面繪一隻梅花鹿回首仰視空中飛來的喜鵲，旁邊是洞石靈芝，"鹿"諧音"祿"，寓意"祿壽同喜"。底署紅彩"道光年製"篆書款。

355

粉彩菊花圖鼻煙壺
清道光
高6.6厘米　腹徑5.2厘米

Porcelain snuff bottle with chrysanthemum design in famille rose
Daoguang Period, Qing Dynasty
Height: 6.6cm
Diameter of belly: 5.2cm

鼻煙壺扁瓶形，直口，橢圓形圈足。
壺體一面繪洞石、菊花、海棠花；另
一面繪寶相花，皆有富貴吉祥的寓
意。底署紅彩"大清道光年製"篆書
款。

此壺的花卉紋飾在構圖、用筆上雖不
如康熙、雍正時期的粉彩自然流暢，
但仍屬精工秀麗之作。

356

粉彩開光博古圖鼻煙壺
清道光
通高6.4厘米　腹徑5厘米

Porcelain snuff bottle with antiques design in famille rose with in reserved panes
Daoguang Period, Qing Dynasty
Overall height: 6.4cm
Diameter of belly: 5cm

鼻煙壺扁瓶形，直口，橢圓形圈足。
壺體兩面凸起圓形開光，開光內繪有
瓶、穀穗，如意、燈、佛手等紋飾，
寓意"五穀豐登"、"歲歲平安"。兩側
有耳式凸起。底署紅彩"道光年製"篆
書款。

357

粉彩花蝶圖鼻煙壺
清道光
高5.5厘米　腹徑4.8厘米

Porcelain snuff bottle with design of flowers and butterflies in famille rose
Daoguang Period, Qing Dynasty
Height: 5.5cm
Diameter of belly: 4.8cm

鼻煙壺直頸，扁圓形腹，橢圓形圈足。通體以粉彩繪花蝶紋，畫面中蝴蝶飛舞，花葉纏繞。底署紅彩"道光年製"篆書款。

道光時期的粉彩器常以花蝶紋作為主題紋飾，這從一個角度反映出當時人們的審美情趣。

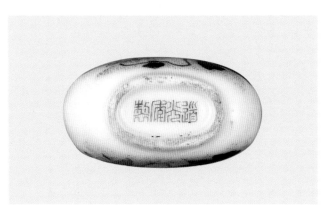

358

紅綠彩雲龍紋鼻煙壺
清道光
高5.2厘米　腹徑4.8厘米

Porcelain snuff bottle with design of dragon and clouds in red and green
Daoguang Period, Qing Dynasty
Height: 5.2cm
Diameter of belly: 4.8cm

鼻煙壺直頸，扁圓腹，橢圓形圈足。腹部兩面圓形凸起內以綠彩為主，紅、黑彩作點綴繪雲龍紋，壺體兩側凸起處繪雜寶紋。底署紅彩"道光年製"篆書款。

此鼻煙壺的龍紋雖然表現誇張，面貌兇猛，但缺乏神韻和力度，反映出清代後期的藝術創作水平。

359

青花策杖溪行圖鼻煙壺
清晚期
高5.8厘米　腹徑5.4厘米

Blue and white porcelain snuff bottle with design of an old man walking with a cane on a bridge over a stream
Late Qing Dynasty
Height: 5.8cm
Diameter of belly: 5.4cm

鼻煙壺扁瓶形，直口，橢圓形圈足。壺體以青花繪通景《策杖溪行圖》，畫面上遠山層巒疊嶂，一老者策杖走在小橋上，橋下面是潺潺流水，周圍襯以樓閣、花草、樹木等紋飾。底署青花"雍正年製"楷書仿款。

清晚期鼻煙壺多用粉彩描繪，青花類不多見。此壺青花呈色淡雅，描繪細緻，是晚清青花鼻煙壺的精品。

360

青花山水人物圖鼻煙壺
清晚期
高6.4厘米　腹徑5.4厘米

**Blue and white porcelain snuff bottle
with design of figure in landscape**
Late Qing Dynasty
Height: 6.4cm
Diameter of belly: 5.4cm

鼻煙壺直頸，扁圓腹，橢圓形圈足。
腹部兩面圓形凸起內用青花描繪山水
人物圖，皆為一老者策杖過橋，周圍
是遠山近水、樹木屋舍，青花色澤艷
麗，畫面意境幽雅，其構圖佈局係仿
明成化時期青花的特點，但缺乏濃淡
深淺的層次感。壺體兩側凸起處亦繪
青花山水人物圖。底署青花"成化年
製"楷書仿款。

361

青花花蝶圖梅瓶形鼻煙壺
清晚期
通高8.5厘米　腹徑5.4厘米
清宮舊藏

**Blue and white porcelain snuff bottle in the shape of a prune
vase with butterfly and flower design**
Late Qing Dynasty
Overall height: 8.5cm
Diameter of belly: 5.4cm
Qing Court collection

鼻煙壺梅瓶形，唇口，豐肩，腹下收，圈足。壺體用青
花繪通景洞石牡丹，空中有蝴蝶飛舞。底署青花"大清乾
隆年製"楷書仿款。料蓋連象牙匙。

此壺造型、青花發色與紋飾均是
仿乾隆青花瓷器的特徵，但在繪
畫技法上稍欠功力，具有明顯的
清晚期特色。

362

粉彩明河在天詩意圖鼻煙壺
清晚期
高6.5厘米　腹徑3.8厘米

Porcelain snuff bottle with design
illustrating the verse "the Milky Way in
the Clear Night Sky" in famille rose
Late Qing Dynasty
Height: 6.5cm
Diameter of belly: 3.8cm

鼻煙壺橢圓形。通體粉彩紋飾，一面
繪一老者於樓閣之中伏案端坐，門前
一童子遙指前方，周圍襯以山石樹
木；另一面繪山石翠竹樹木紋，上方
空白處墨彩書"星月皎潔　明河在天"
詩句，點明主題。

363

粉彩異獸圖鼻煙壺
清晚期
高5.8厘米　腹徑5.5厘米

Porcelain snuff bottle with rare animal
design in famille rose
Late Qing Dynasty
Height: 5.8cm
Diameter of belly: 5.5cm

鼻煙壺扁瓶形，直口，橢圓形圈足。
壺體一面以紅彩繪一隻麒麟，背生雙
翼，口中噴出火燄，上托書卷；另一
面以綠彩繪兩隻麒麟戲火珠。底署紅
彩"雅玩"楷書款。

此壺為民間製器，施彩淡雅，繪製精
細，紋飾別具一格。

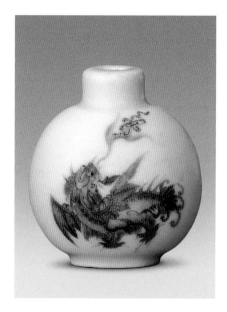

364

粉彩梅鵲圖鼻煙壺
清晚期
高5.3厘米　腹徑5厘米

Porcelain snuff bottle with design of magpies on a plum tree
in famille rose
Late Qing Dynasty
Height: 5.3cm
Diameter of belly: 5cm

鼻煙壺直頸，扁圓腹，橢圓形圈足。通體以粉彩為飾，
腹部繪梅鵲圖，數隻喜鵲棲息在梅花枝頭，寓意"喜上眉
梢"。畫面以墨彩為主，淡粉、黃、綠彩為輔，色彩描繪
準確、自然、優美。底署紅彩"崧亭製"楷書款。

365

粉彩松鷹圖鼻煙壺
清晚期
高5.3厘米　腹徑5厘米

Porcelain snuff bottle with design of an eagle on a pine tree in
famille rose
Late Qing Dynasty
Height: 5.3cm
Diameter of belly: 5cm

鼻煙壺直頸，筒式腹，橢圓形圈足。通體以粉彩為飾，
腹部繪一鷹落於松枝上，樹下繪洞石花草、靈芝紋，圖
紋寓意吉祥。底署黑彩"椿蔭堂製"楷書款。

此鼻煙壺造型規整，紋飾線條粗獷有力，生動傳神，富
有動感。

366

粉彩三雞秋蟬圖鼻煙壺
清晚期
高6.1厘米　腹徑5.2厘米

Porcelain snuff bottle with design of
cicada and three roosters in famille rose
Late Qing Dynasty
Height: 6.1cm
Diameter of belly: 5.2cm

鼻煙壺扁瓶形，直口，橢圓形圈足。
壺體一面繪三隻雄雞在洞石、花草間
嬉戲；另一面繪秋葵海棠，花枝上落
一蟬。底署紅彩"健菴雅製"仿宋款。

此壺畫面構圖活潑，畫工精細，色彩
艷麗，紋飾疏朗自然，是清晚期民間
製壺中比較精細的作品。

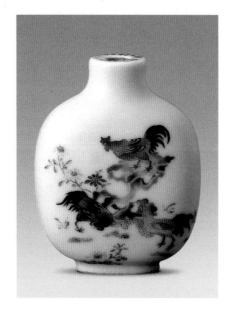

367

粉彩雞石花卉圖鼻煙壺
清晚期
通高7.3厘米　腹徑4.9厘米

Porcelain snuff bottle with design of
roosters, rocks and flowers in famille
rose
Late Qing Dynasty
Overall height: 7.3cm
Diameter of belly: 4.9cm

鼻煙壺直頸，扁圓腹，橢圓形圈足。
通體以粉彩為飾，腹部一面繪三隻雄
雞在洞石上下嬉戲，周圍菊花盛開；
另一面繪秋葵，旁襯以海棠等花草為
點綴。底署紅彩"健菴雅製"楷書款。
料蓋連料匙。

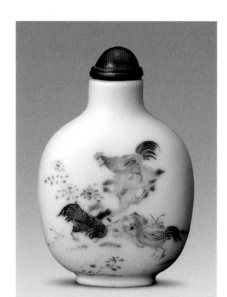

368

粉彩蔬果秋蟲圖鼻煙壺
清晚期
高6厘米　腹徑5.2厘米

**Porcelain snuff bottle with design of
vegetables and insects in famille rose**
Late Qing Dynasty
Height: 6cm
Diameter of belly: 5.2cm

鼻煙壺扁瓶形，直口，橢圓形圈足。
壺體一面繪白菜、蟈蟈，另一面繪蟈
蟈、蘿蔔、柳樹，柳枝上落有一蟬。

此壺施彩柔和淡雅，秋蟲栩栩如生，
表現出一派田園景象，反映了當時景
德鎮工匠高超的技藝。

369

粉彩蟈蟈秋蟬圖鼻煙壺
清晚期
通高6.8厘米　腹徑3.9厘米

**Porcelain snuff bottle with katydid and
cicada design in famille rose**
Late Qing Dynasty
Overall height: 6.8cm
Diameter of belly: 3.9cm

鼻煙壺橢圓形，平底。壺體一面繪一
隻蟈蟈正在蠶食豆葉，另一面繪一小
蟬憩於豆莢蔓上。嵌銀蓋紐下連匙。

此壺紋飾構思獨到，繪製精細，用筆
自然，而筆筆不苟，寫生效果絕妙。

370

胭脂紅二龍戲珠紋鼻煙壺
清晚期
高7.2厘米　腹徑4厘米

Porcelain snuff bottle with design of dragons playing with a peare in roge
Late Qing Dynasty
Height: 7.2cm
Diameter of belly: 4cm

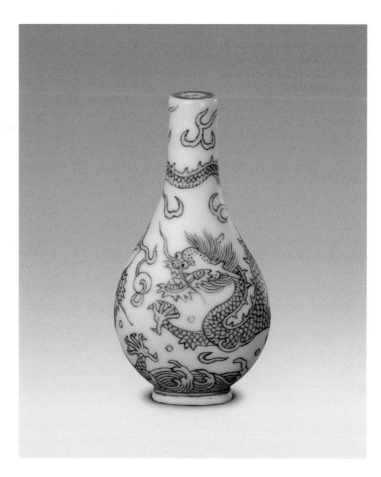

鼻煙壺細長頸，垂腹，橢圓形圈足。通體以胭脂紅彩描繪江崖海水二龍戲珠紋，兩條龍張牙舞爪，在翻騰的海浪上追逐戲珠，威武兇猛。

此壺的紋飾以胭脂紅彩繪製，在清晚期鼻煙壺中極為少見，配以美觀的造型，愈顯俏麗。

371

粉彩鼠吞玉黍形鼻煙壺
清晚期
長6.8厘米　底徑4×2厘米

**Famille rose porcelain snuff bottle in the
shape of a rat swallowing a maize**
Late Qing Dynasty
Length: 6.8cm
Diameter of bottom: 4 × 2cm

鼻煙壺象生形，壺體造型為一鼠正在
吞食玉黍，生動而又富有情趣。通體
以粉彩為飾，黑彩為主，綠彩為輔。
象牙匙。

此壺造型簡潔，在寫實的基礎上又予
以合理的藝術誇張，力求實用與造型
及裝飾藝術的和諧統一。以小動物形
象為鼻煙壺造型的做法在清代晚期比
較盛行。

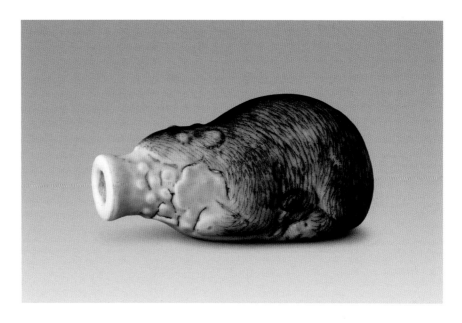

372

刻瓷餓彩雛雞圖鼻煙壺
清晚期
高5.7厘米　腹徑5.2厘米

**Porcelain snuff bottle carved with
chicken design filling with colours**
Late Qing Dynasty
Height: 5.7cm
Diameter of belly: 5.2cm

鼻煙壺扁瓶形，直口，橢圓形圈足。
壺體一面刻兩隻小雞雛在花草間嬉
戲，另一面刻"一拳之多 癸巳冬日 竹
軒"十字，並鈐陰文"氏"字紅印章。
紋飾、文字均施墨彩。

此壺構圖疏朗清雅，恰似一幅水墨冊
頁，具有文人品位。

373

五彩劉海戲蟾人物形鼻煙壺
清晚期
通高8.1厘米　腹徑4厘米

Polychrome porcelain snuff bottle in the shape of a man
stepping on the golden toad
Late Qing Dynasty
Overall height: 8.1cm
Diameter of belly: 4cm

鼻煙壺人物形。壺體造型為劉海戲蟾，劉海袒胸露乳，
手握錢串，腳下是三足金蟾，寓意"財源廣進"。瓷蓋連
象牙匙。

此壺造型取材於神話傳說"劉海戲金蟾"，色彩濃重艷
麗，具有很強的民間工藝特色。以人的形象作為鼻煙壺
的造型是這一時期出現的新式樣。

374

粉彩清裝人物形鼻煙壺
清晚期
通高9厘米　腹徑4厘米

Famille rose porcelain snuff bottle in the shape of a man
dressed in Manchu style
Late Qing Dynasty
Overall height: 9cm
Diameter of belly: 4cm

鼻煙壺人物形。壺體造型為清代官員，人物頭戴涼帽，
身穿團鶴紋補子朝服，根據補服紋樣可知其為清代一品
文官的形象。帽頂即為圓形蓋紐。

此壺構思新穎獨特，人物神態莊重，造型比例勻稱。顯
示了當時鼻煙壺製作不拘一格的特色。

竹木牙角匏和
漆類鼻煙壺

Bamboo, Wood, Ivory,
Rhinoceros Horn,
Moulded Gourd and
Lacquer Snuff Bottles

象牙魚鷹形鼻煙壺
清乾隆
長4.8厘米　腹徑2.9厘米
清宮舊藏

Ivory snuff bottle in the shape of a fish hawk
Qianlong Period, Qing Dynasty
Length: 4.8cm
Diameter of belly: 2.9cm
Qing Court collection

鼻煙壺魚鷹形。壺體為伏臥魚鷹,身如覆卵,體羽豐滿,
屈頸尖喙。雙眼及嘴尖上嵌玳瑁,眼睛四周、頸下及雙腿
雕刻出粗糙的顆粒狀紋飾並經染色。頸下為飾金箔壺口,
有蓋,尾羽處設有暗銷,觸則輕巧彈開,合則泯然無痕。
蓋內署"乾隆年製"篆書款。配一弧形象牙匙。

此壺造型極為生動,細節裝飾精緻,鑲嵌恰到好處。其暗
銷的設置顯示了這一時期宮廷工藝細緻精巧的特點。

376

象牙鶴形鼻煙壺
清乾隆
長4.7厘米　腹徑2.9厘米
清宮舊藏

Ivory snuff bottle in the shape of a crane
Qianlong Period, Qing Dynasty
Length: 4.7cm
Diameter of belly: 2.9cm
Qing Court collection

鼻煙壺丹頂鶴形。壺體為伏臥丹頂鶴，頭頂嵌血石以表現紅色肉冠，雙眼、喙、尾羽上嵌玳瑁，雙腿染為綠色。腹下有蓋，設有暗銷。蓋內署"乾隆年製"篆書款。象牙匙。

此壺造型的構思與魚鷹形鼻煙壺相似，雕飾精美，可視為姊妹之作。

377

象牙苦瓜形鼻煙壺
清中期
通高7厘米　腹徑3.8厘米
清宮舊藏

Ivory snuff bottle in the shape of a balsam pear
Middle Qing Dynasty
Overall height: 7cm
Diameter of belly: 3.8cm
Qing Court collection

鼻煙壺苦瓜形，腹圓底尖。通體黃褐色中略帶綠色，滿
佈瘤狀凸起，粗看無序而實有規律，壺體有六道凸起的
稜脊上下貫通。綠色瓜蒂為壺蓋。

此壺入手圓滑，既仿生又富於裝飾趣味，於平淡中顯示
出不凡的藝術造詣。

378

象牙荔枝形鼻煙壺
清中期
高3.9厘米　腹徑3.3厘米
清宮舊藏

Ivory snuff bottle in the shape of a litchi
Middle Qing Dynasty
Height: 3.9cm
Diameter of belly: 3.3cm
Qing Court collection

鼻煙壺荔枝形。通體染色暗紅，浮雕出荔枝果皮上的鱗
狀凸起，近蒂處為壺口，隨形設置，極為自然。

此壺雕工精細，且頗為寫實，每一凸起均於染色中微露
本色，則尤為巧妙。其手感微澀，亦與真品不二。

379

象牙葫蘆形鼻煙壺
清中期
通高4.9厘米　腹徑1.7厘米
清宮舊藏

Ivory snuff bottle in the shape of a calabash
Middle Qing Dynasty
Overall height: 4.9cm
Diameter of belly: 1.7cm
Qing Court collection

鼻煙壺葫蘆形。通體光素，束腰處有弦紋一道，實可由此分開，上下二部分以螺口相連，上部瘦長，下部扁圓，均為中空，器壁甚薄。壺蓋似葫蘆藤狀自然彎曲，與壺體亦螺口相連。

此壺個體雖小而工藝精湛，形制輕巧玲瓏，貴為牙雕鼻煙壺中的精品。

380

象牙鏤雕漁家樂圖鼻煙壺
清中期
通高9.5厘米　腹徑5.1厘米
清宮舊藏

Ivory snuff bottle carved with design of joyful fishermen in relief
Middle Qing Dynasty
Overall height: 9.5cm
Diameter of belly: 5.1cm
Qing Court collection

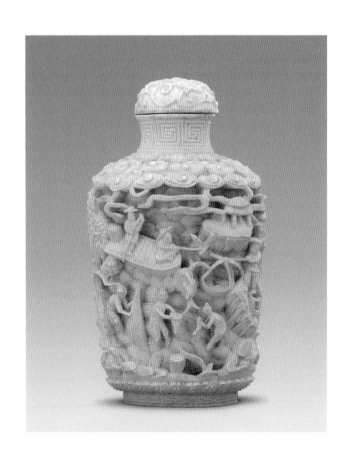

鼻煙壺圓瓶形，撇口，圈足。壺體去地高浮雕並鏤雕通景"漁家樂"紋飾，表現漁人捕魚及日常生活的場景，似長卷徐徐展開，一派歡樂祥和的景象。頸部及足外牆淺雕迴紋，肩部及近足處均雕雲紋。

此壺造型、紋飾題材、雕工均甚別致，為清宮所藏鼻煙壺中稀有之作。

381

象牙司馬光故事圖鼻煙壺
清晚期
通高7厘米　腹徑5.6厘米

Ivory snuff bottle with design illustrating the story of Sima
Guang
Late Qing Dynasty
Overall height: 7cm
Diameter of belly: 5.6cm

鼻煙壺罐形，直口，平底。壺體淺浮雕"司馬光破甕救友"
的歷史故事。取甕破之瞬間情景，司馬光立於甕側，鎮定
如常，其他五名童子，有的慌亂，有的驚喜，有的議論，
神情不一，甕破處水流如注，現一童首，其身體尚在甕
內。背景則以山石一筆帶過，以突出重點。

此壺紋飾生動傳神，是一件有濃厚民間色彩的作品。

司馬光（1019－1086），字君實，山西夏縣人。歷仕北宋
仁宗至哲宗四朝，著名文學家、歷史學家，著有編年體史
書《資治通鑑》。

382

虯角筒形鼻煙壺
清中期
通高4.9厘米　腹徑4厘米
清宮舊藏

Cylindrical morse-tooth snuff bottle
Middle Qing Dynasty
Overall height: 4.9cm
Diameter of belly: 4cm
Qing Court collection

鼻煙壺圓筒形，造型頗似寶幢，平底。通體以弦紋為飾，凹凸有致。腰身處可開啟，一分為二，上部為鼻煙壺，下部為座。小口，上配紅色料蓋，蓋頂有"卍"及蝙蝠紋，寓"萬福"之意。

此鼻煙壺經浸染，其色微黃，邊角處如半透明狀，可見其質地。虯角，即海象牙，以虯角製成的鼻煙壺尚不多見。

383

文竹夔紋六方鼻煙壺
清中期
通高5.7厘米　腹徑3厘米
清宮舊藏

Hexagonal Zhu Huang snuff bottle with Kui-dragon design
Middle Qing Dynasty
Overall height: 5.7cm
Diameter of belly: 3cm
Qing Court collection

鼻煙壺六方瓶形，豐肩窄腹，平底。每面均凸雕夔龍紋，成兩兩相對之勢。肩部飾低垂披肩式打窪菊瓣紋，與近底處菊瓣紋相呼應。六方式寶珠紐蓋連象牙匙。

文竹即竹簧，又稱"翻簧"、"反簧"或"貼簧"，是江浙一代的竹雕絕技。其工藝以大型的南竹為材料，用刀劈去竹青和竹肌，僅留下一層薄薄的竹簧片，經過水煮、晾乾、壓平等工序，然後用膠粘於器物上再施雕刻。

384

文竹五蝠捧壽圖鼻煙壺
清中期
通高6.6厘米　腹徑5.5厘米
清宮舊藏

**Zhu Huang snuff bottle with design of five bats surrounding a
character "Shou" (longevity)**
Middle Qing Dynasty
Overall height: 6.6cm
Diameter of belly: 5.5cm
Qing Court collection

鼻煙壺扁瓶形，四方口，平底。壺體兩面各鑲貼十八朵
如意雲頭紋，朵朵相連，組成類似開光的邊框，框內飾
"五蝠捧壽"圖，五隻蝙蝠圍繞一團壽字飛舞。圖紋上又
施以細密的陰刻，更顯精緻。青金石蓋連象牙匙。

385

文竹壽字紋鼻煙壺
清中期
通高6.6厘米　腹徑5.5厘米
清宮舊藏

Zhu Huang snuff bottle with characters "Shou" (longevity)
Middle Qing Dynasty
Overall height: 6.6cm
Diameter of belly: 5.5cm
Qing Court collection

鼻煙壺扁瓶形，方口，凸肩，平底。壺體兩面邊框內各
雕六排九列篆體"壽"字，恰合六九吉數，且字字橫平豎
直，一絲不苟，近邊處字僅露頭腳，宛如錦地無限延
續，構思精絕。嵌石蓋連象牙匙。

此壺質如象牙，溫潤細膩，色澤油黃，實為文竹鼻煙壺
的佳作。

386

核桃雕西洋長老圖鼻煙壺
清中期
通高5厘米　腹徑4.3厘米
清宮舊藏

Walnut snuff bottle with design of Western figures in landscape
Middle Qing Dynasty
Overall height: 5cm
Diameter of belly: 4.3cm
Qing Court collection

鼻煙壺保留核桃原形，外壁經刮磨後，一面浮雕山水、流雲、樹石，二長老一持杖披髮，背生光華，另一長髯着帽，緊隨其後，二者容貌、裝束均源於西洋；另一面陰刻隸書詩句：“有香自鼻　無火名煙　入華池中　通絳宮前　洩宣是賴　導引所先　善藏其用　於茲取焉”。引首鈐“惜陰”，詩後鈐“珍”、“賞”篆書印。核桃中空，上有小口，配黃楊木雕蒂式蓋。

387

椰木雕長茄形鼻煙壺
清中期
通高8.3厘米　腹徑2厘米
清宮舊藏

Wood snuff bottle in the shape of an eggplant
Middle Qing Dynasty
Overall height: 8.3cm
Diameter of belly: 2cm
Qing Court collection

鼻煙壺長茄形，螺口。通體紫色，茄蒂綠色，其形狀、
色澤、質地宛如真茄，仿生效果極佳，頗具審美情趣。
綠色染牙茄蒂為蓋及紐，連象牙匙。

388

匏製螭壽紋鼻煙壺
清中期
通高7厘米　腹徑5厘米
清宮舊藏

**Moulded gourd snuff bottle with design of hydra and round
character "Shou" (longevity)**
Middle Qing Dynasty
Overall height: 7cm
Diameter of belly: 5cm
Qing Court collection

鼻煙壺扁瓶形，口沿嵌象牙一周，橢圓形帶狀足。壺體
兩面紋飾相同，均為模壓花尾螭龍，首尾相啣成環形，
正中篆書團壽字。兩側飾捲草紋。銅鍍金鏨刻寶相花蓋
連象牙匙。

389

匏製獅紋鼻煙壺
清中期
高6.2厘米　腹徑4.8厘米
清宮舊藏

Moulded gourd snuff bottle with lion design
Middle Qing Dynasty
Height: 6.2cm
Diameter of belly: 4.8cm
Qing Court collection

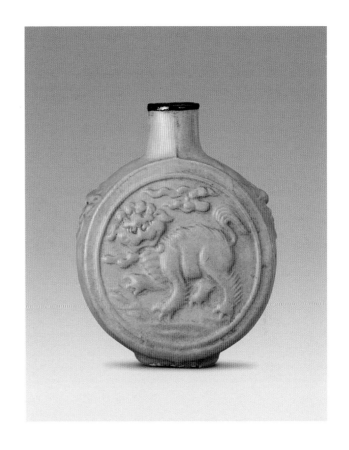

鼻煙壺扁瓶形，直口，矮足。壺體兩面弦紋開光，開光內凸起獅子、雲朵、山石紋。兩側肩部飾獸面啣環耳，口鬚黑漆。

匏器即通常所稱的"葫蘆器"，是在葫蘆生長的初期階段，雕模為範，然後套於葫蘆上，令其緣模生長，待成熟後，去模出範，即成為與模相同的匏器。匏製葫蘆不僅要器型飽滿，而且細節也需經得起推敲。此壺之獅紋神態畢肖，尾足部毛髮氄然，寫意傳神，無可挑剔，堪稱清中期宮廷匏製鼻煙壺中的精品。

390

匏製瓜棱葫蘆形鼻煙壺
清中期
通高6.7厘米　腹徑4.7厘米
清宮舊藏

Six-lobed moulded gourd snuff bottle
Middle Qing Dynasty
Overall height: 6.7cm
Diameter of belly: 4.7cm
Qing Court collection

鼻煙壺葫蘆形，圓口微斂，束腰豐腹。壺體分為六瓣瓜棱凸起，係使用勒紮之法，趁匏尚小即繩之以規矩，待其長成。配綠色玻璃蓋，晶瑩剔透。

此壺器型渾圓飽滿，六瓣均勻，分瓣處過渡柔和，均為凹入隱槽，毫無生硬之感。

391

匏製萬邦協和方形鼻煙壺
清乾隆
高5.1厘米　腹徑3.3厘米
清宮舊藏

Square moulded gourd snuff bottle with characters "Wan Bang Xie He" (All nations in harmony)
Qianlong Period, Qing Dynasty
Height: 5.1cm
Diameter of belly: 3.3cm
Qing Court collection

鼻煙壺長方形，小口，細頸，平底。壺體外壁四面均有圓形開光，開光內凸起楷書"萬"、"邦"、"協"、"和"四字，開光外飾捲草紋。平底中部微陽起抹角方玉璧式邊框，內署"乾隆賞玩"楷書款。口沿及內壁髹黑漆。

範匏成方形頗為罕見，而此壺器型規整，花紋清晰。尤其是文字，連連筆之波磔均隱約可辨。底部款識雖極淺而無絲毫模糊漫漶之處，殊為難得。

392

剔紅愛蓮圖鼻煙壺
清中期
通高7厘米　腹徑5.8厘米
清宮舊藏

Carved red lacquer snuff bottle with design of figures and lotus
Middle Qing Dynasty
Overall height: 7cm
Diameter of belly: 5.8cm
Qing Court collection

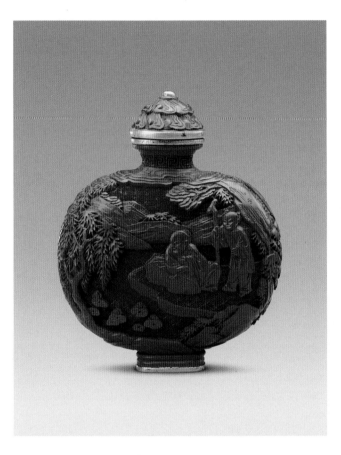

鼻煙壺銅胎，扁瓶形，撇口，圈足。壺體雕漆飾通景《愛
蓮圖》，遠處山峯險峻，層巒疊嶂，兩旁柳枝低垂，竹葉
飄搖。一面一老者細觀池中蓮花，侍童一旁站立；另一面
一童子手持蓮花在前，引導一老者前行，表現了宋代理學
家周敦頤愛蓮的故事。雕漆蓋連象牙匙。

雕漆是在木胎或金屬胎上髹漆，少則幾十層，多則一二百
層。髹漆之後，在漆上雕刻圖紋，故名雕漆。

393

剔紅羲之愛鵝圖鼻煙壺
清中期
通高6.8厘米　腹徑4.4厘米
清宮舊藏

Carved red lacquer snuff bottle with design of Wang Xizhi and his favourite goose
Middle Qing Dynasty
Overall height: 6.8cm
Diameter of belly: 4.4cm
Qing Court collection

鼻煙壺銅胎，扁圓腹，上豐下斂。壺體雕漆飾通景《愛鵝圖》，背景是蒼勁的松柏，起伏的山巒。一面王羲之席地而坐，目視前方，有所期待；另一面二童子抱鵝前行，表現了晉代大書法家王羲之愛鵝的故事。鏨菊花銅托鑲珊瑚蓋連象牙匙。

此壺雕刻纖細，刀鋒清晰，具有典型的清中期雕刻工藝的特徵。

394

剔紅洗桐圖鼻煙壺
清中期
通高6.8厘米　腹徑4.4厘米
清宮舊藏

Carved red lacquer snuff bottle with design of a boy washing a
Chinese parasol tree
Middle Qing Dynasty
Overall height: 6.8cm
Diameter of belly: 4.4cm
Qing Court collection

鼻煙壺銅胎，扁圓腹，上豐下斂。壺體雕漆飾通景《洗桐
圖》，遠處高山錯落，一面一童子提桶送水；另一面一童子
正用力地洗刷梧桐樹幹，一老者旁坐觀之，表現了元代著名
畫家倪瓚洗桐的故事。錘鍱蓮瓣紋嵌藍寶石蓋連象牙匙。

此壺髹漆厚重，漆色鮮艷，雕刻技藝高超，人物刻畫生動
有趣。

395

剔紅遊山圖鼻煙壺
清中期
通高6.8厘米　腹徑5.8厘米
清宮舊藏

Carved red lacquer snuff bottle with design of excursion in
spring
Middle Qing Dynasty
Overall height: 6.8cm
Diameter of belly: 5.8cm
Qing Court collection

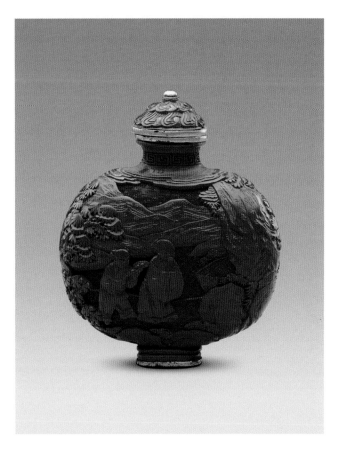 

鼻煙壺銅胎，扁瓶形，撇口，圈足。壺體雕漆飾通景《遊
山圖》，遠處山脈延綿，一面一老者雙手相抱於胸前，漫
步在山間曲徑之上，一侍童手持如意相隨；另一面一拄杖
老者與身後侍童交談前行，旁有茂盛的樹木、花草和洞
石，表現遊春情景。雕漆蓋連象牙匙。

396

剔紅五蝠捧壽紋鼻煙壺
清中期
通高6.8厘米　腹徑5.1厘米
清宮舊藏

Carved red lacquer snuff bottle with design of five bats
surrounding a character "Shou" (longevity)
Middle Qing Dynasty
Overall height: 6.8cm
Diameter of belly: 5.1cm
Qing Court collection

鼻煙壺銅胎，扁圓腹，上豐下斂。通體雕漆飾"卍"字錦
地，兩面圖紋對稱相同，皆飾"五蝠捧壽"紋。肩及近足處
各雕如意雲頭紋一周。銀錘鍱蓮瓣紋嵌碧璽蓋連象牙匙。

此壺雕刻精細，鋒棱畢現，絲毫不加打磨，體現了清中
期雕刻工藝的風格。

397

剔紅壽字紋鼻煙壺
清中期
通高6.6厘米　腹徑5.5厘米
清宮舊藏

Carved red lacquer snuff bottle decorated with characters
"Shou" (longevity)
Middle Qing Dynasty
Overall height: 6.6cm
Diameter of belly: 5.5cm
Qing Court collection

鼻煙壺銅胎，扁瓶形，敞口，平底。壺體兩面均在迴紋
錦地上雕五排八列三十二個相同的篆書"壽"字。兩側面
各雕四個團壽字，間幾何形錦紋。底部又一"壽"字。共
計七十三個"壽"字，暗合春秋時哲人孔子壽數。雕漆葵
瓣式蓋連象牙匙。

398

赭地描金漆雲蝠紋葫蘆形鼻煙壺
清中期
通高7厘米　腹徑4.5厘米
清宮舊藏

**Reddish brown lacquer snuff bottle in the shape of a calabash
with design of bats and clouds in gold tracery**
Middle Qing Dynasty
Overall height: 7cm
Diameter of belly: 4.5cm
Qing Court collection

鼻煙壺夾紵胎，葫蘆形。通體以赭色漆為地，以兩色金描繪雲蝠紋，蝙蝠在朵朵祥雲中翩翩飛舞。紋飾造型為"福祿"之吉祥寓意，金漆蓋連象牙匙。

此鼻煙壺胎體輕薄，造型周正，色彩明亮，紋飾描繪工致，堪稱精品。

399

赭色描金漆躍鯉圖鼻煙壺
清中期
通高6.2厘米　腹徑4.9厘米
清宮舊藏

Reddish brown lacquer snuff bottle with design of carp leaping
over the Dragon Gate in gold tracery
Middle Qing Dynasty
Overall height: 6.2cm
Diameter of belly: 4.9cm
Qing Court collection

鼻煙壺夾紵胎，腹部略扁，平底。通體以赭色漆為地描飾花
紋。腹部兩面隨形開光，均以兩色金描繪相同內容的"鯉魚
跳龍門"圖紋，水面波濤洶湧，浪花飛濺，一尾鯉魚從中高
高躍起，天際紅日高懸，流雲飄動，寓意吉祥。金漆蓋連象
牙匙。

400

赭色描金漆蓮花紋鼻煙壺
清中期
通高6.4厘米　腹徑4.9厘米
清宮舊藏

Reddish brown lacquer snuff bottle with lotus design in gold tracery
Middle Qing Dynasty
Overall height: 6.4cm
Diameter of belly: 4.9cm
Qing Court collection

鼻煙壺夾紵胎，葵瓣式扁腹，平底。通體赭色漆，分瓣飾描金蓮花紋。兩面圖紋對稱相同。金漆蓋連象牙匙。

此壺胎體凹凸有秩，自然形成花紋，別具一格。

綠地描金漆蟾蜍紋鼻煙壺
清中期
通高6.8厘米　腹徑5.1厘米
清宮舊藏

Reddish brown lacquer snuff bottle with toad design in gold
tracery over a green ground within reserved panels
Middle Qing Dynasty
Overall height: 6.8cm
Diameter of belly: 5.1cm
Qing Court collection

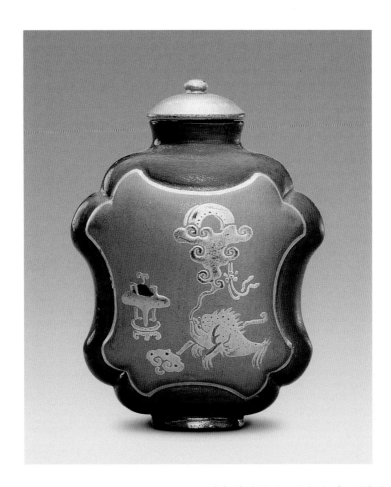

鼻煙壺夾紵胎，腹部略扁，委角束腰，平底。壺體兩面對稱
開光，在綠色地上飾描金花紋，一隻三足金蟾口啣如意，旁
有如意和香爐，香爐中一縷香煙緩緩升騰。兩面圖紋相同，
寓意吉祥。開光外為赭色漆。金漆蓋連象牙匙。

此壺造型獨特，漆質細潤，紋飾描繪生動，富有動感。

赭色描金漆吉慶有餘紋鼻煙壺
清中期
通高6.3厘米　腹徑5厘米
清宮舊藏

Reddish brown lacquer snuff bottle with gold-painted design of
fish holding halberd and sonorous stone in its mouth
Middle Qing Dynasty
Overall height: 6.3cm
Diameter of belly: 5cm
Qing Court collection

鼻煙壺夾紵胎，橢圓形腹，上豐下斂，平底。通體以赭色漆
為地飾描金紋飾，雙魚相向，口啣戟、磬等物，以諧音寓意
"吉慶有餘"。金漆蓋連象牙匙。

此壺以兩色金，即"彩金象"的技法描繪花紋，深淺有別，
紋理清晰，光彩奪目。

403

黑漆嵌銀絲鴻雁延年瓦當紋鼻煙壺
清晚期
通高6.1厘米　腹徑5厘米
清宮舊藏

**Black lacquer snuff bottle decorated with ancient writing and
tile-end design in silver-filigree**
Late Qing Dynasty
Overall height: 6.1cm
Diameter of belly: 5cm
Qing Court collection

鼻煙壺木胎，扁瓶形，平底。通體黑漆，以嵌銀絲為文字
和花紋。一面為"鴻雁延年"瓦當紋，雁的眼睛以金片嵌飾
而成，閃閃發光。另一面為古體篆書七字。木蓋，蓋頂嵌
銀絲小篆"衛"字。

此壺造型簡潔，漆黑光亮，銀絲纖細均勻，嵌飾精美，以
漢代瓦當紋和古文字進行裝飾，古樸秀雅，為僅見之作。

404

紫漆淺刻梅花圖鼻煙壺　盧葵生
清晚期
通高7厘米　腹徑3.8厘米

Purple lacquer snuff bottle incised with plum blossom design
By Lu Kuisheng
Late Qing Dynasty
Overall height: 7cm
Diameter of belly: 3.8cm

鼻煙壺木胎，扁瓶形，圈足。通體紫漆，腹部一面淺刻梅花一株，另一面陰刻行書"好花清影不須多 甲辰春葵生"其下鈐"棟"字印。蓋為後配。

盧葵生為清晚期揚州著名漆工，這是其傳世作品中僅見的一件鼻煙壺，具有一定的研究價值。

內畫類鼻煙壺

Snuff Bottles
with Inside
Painting

405

玻璃內畫歸漁圖鼻煙壺　周樂元

清晚期
高6.2厘米　腹徑3.7厘米
清宮舊藏

Glass snuff bottle with inside painting of a fisherman returning home

By Zhou Leyuan
Late Qing Dynasty
Height: 6.2cm　Diameter of belly: 3.7cm
Qing Court collection

鼻煙壺扁瓶形，直口，溜肩，圈足。壺體一面繪風雨歸漁，一漁人穿着蓑衣在風雨中歸來，遠處山巒起伏，數楹房舍隱約其間；另一面繪踏雪尋梅，一老者騎驢在雪地中前行，後隨一侍童，山坡上生出幾枝梅花。《歸漁圖》上署"壬辰初秋　周樂元作"款識。壬辰為光緒十八年（1892）。

周樂元是晚清內畫鼻煙壺的一代宗師，其內畫作品題材廣泛，山水、人物、花鳥、草蟲，無不精美，尤擅山水。最能代表周樂元內畫水平的是仿清代畫家新羅山人的作品，此鼻煙壺即為其一。

406

玻璃內畫風雨歸舟圖鼻煙壺　周樂元
清晚期
通高4.1厘米　腹徑2.3厘米
清宮舊藏

Glass snuff bottle with inside painting of a boat returning in the wind and rain
By Zhou Leyuan
Late Qing Dynasty
Overall height: 4.1cm　Diameter of belly: 2.3cm
Qing Court collection

鼻煙壺罐形，直口，豐肩，圈足。壺體繪通景《風雨歸舟圖》，畫面中松樹挺拔，水榭精巧，在兩株被狂風颳歪的大樹下，一身披蓑衣、頭戴斗笠的漁翁正將船靠岸。底署"壬辰伏日　周樂元作"款識。碧璽蓋。

此壺為周樂元仿清代新羅山人的作品之一。作者於方寸之間惟妙惟肖地將人物、樹木和建築清晰地表現出來，確屬鬼斧神工之作。

407

水晶內畫肖像鼻煙壺　馬少宣

清晚期
通高9.6厘米　腹徑6.1厘米

Crystal snuff bottle with inside painting of a figure
By Ma Shaoxuan
Late Qing Dynasty
Overall height: 9.6cm
Diameter of belly: 6.1cm

鼻煙壺扁瓶形。壺內一面以淡墨繪人物肖像，面部五官結構及光影處理頗有西畫之功底。另一面楷書節錄唐歐陽詢書《九成宮醴泉銘》：“維貞觀六年孟夏之月　皇帝避暑乎九成之宮　此則隨之仁壽宮也　冠山抗殿　絕壑為池　奔水架楹　分岩竦闕　節錄應”。前有“曉泉二兄大人清賞”，末署“少宣馬光甲”款及“少宣”朱文篆書印。兩側肩部飾獸面啣環耳，紅珊瑚蓋配綠色料托連象牙匙，已斷折。

馬少宣（1867－1937）作品題材多樣，尤長於肖像畫和戲劇人物。作內畫壺，皆一面繪，一面書，繪多人像，書學歐體。

408

玻璃內畫魚藻圖鼻煙壺　葉仲三
清晚期
高6.8厘米　腹徑3.1厘米
清宮舊藏

Glass snuff bottle with inside painting of fish and waterweeds
By Ye Zhongsan
Late Qing Dynasty
Height: 6.8cm
Diameter of belly: 3.1cm
Qing Court collection

鼻煙壺扁瓶形。腹部兩面均繪金魚水藻圖，其中一面的
左上方署"壬辰仲春　葉仲三"款識。珊瑚蓋。壬辰為光緒
十八年（1892）。

葉仲三，北京人（1869－1945），是晚清著名的內畫鼻
煙壺大師。他善長用濃重的色彩描繪紋飾，內畫題材多
取自古典名著，以雅俗共賞著稱於世。

409

玻璃內畫魚藻圖鼻煙壺　葉仲三
清晚期
通高7.5厘米　腹徑5.7厘米
清宮舊藏

Glass snuff bottle with inside painting of fish and waterweeds
By Ye Zhongsan
Late Qing Dynasty
Overall height: 7.5cm
Diameter of belly: 5.7cm
Qing Court collection

此壺造型渾圓，橢圓形圈足。腹部兩面飾相同的魚藻
圖，金魚、鯉魚自由嬉戲於水草間。其中一面上署"癸卯
夏伏作於京師　葉仲三"款識。壺體兩側凸雕獸面啣環耳。

410

玻璃內畫四題雙連鼻煙壺　樂三
清晚期
高5.7厘米　腹徑4厘米
清宮舊藏

Glass twin-snuff bottle with inside painting of four motifs
By Le San
Late Qing Dynasty
Height: 5.7cm
Diameter of belly: 4cm
Qing Court collection

鼻煙壺雙連長方形，直口，平底。壺體繪條屏式四題，兩
壺一面分別繪花鳥圖和博古圖，另一面分別繪山水圖和花
蝶圖。山水圖上署"書於青雲軒　樂三"款識。

此壺作者樂三，生平事迹未見記載。內畫鼻煙壺中此造型
者獨此一例。